THE
LEARNING
RELATIONSHIP
PSYCHOANALYTIC THINKING IN EDUCATION

学ぶことの関係性

学校現場に生かす精神分析【実践編】

ビディ・ヨーエル 著　平井正三 監訳　鈴木誠 訳

岩崎学術出版社

THE LEARNING RELATIONSHIP: Psychoanalytic Thinking in Education
by Biddy Youell

First published by Karnac Books Ltd,
represented by Cathy Miller Foreign Rights Agency, London, England.
Japanese translation rights arranged with Cathy Miller Foreign Rights Agency,
through Japan UNI Agency, Inc., Tokyo.

目次

タビストック・クリニック・シリーズの編者の序文

タビストック・クリニックは一九二〇年の設立以来、精神分析の考え方に強い影響を受けて精神衛生への幅広い啓発的アプローチを展開してきました。さらに家族問題への理論モデルと臨床的アプローチとして、システム論的家族療法を採用してきました。いまやクリニックは、精神衛生の分野で英国最大の訓練機関であり、ソーシャル・ワーク、心理学、精神医学、および児童、青年期、大人の心理療法、さらに看護や一次医療といった分野で、大学院や資格取得のための講座を提供しています。毎年、六〇を越える講座で約千七百人の受講生が訓練をうけています。

クリニックの理念が目指しているのは、精神保健における治療技法の向上です。その成果は臨床的専門性を基盤としています。それはまた、コンサルテーションや研究活動のもととなっています。このシリーズの狙いは、タビストック・クリニックでもっとも影響力のある臨床、理論、研究上の成果を、一般読者が活用できるようにすることです。このシリーズでは、個人と家族の両面にわたり、児童や青年や大人の精神障害への理解や治療について新しいアプローチが示されています。

さまざまな重要な意味において『学校現場に生かす精神分析［実践編］――学ぶことの関係性』は、精神分析の考え方の最良の形を代表しています。本書で述べられている成果は、三十年以上もタビストックで行われている教師のための講座に由来するものです。この講座の心理療法士と教師のあいだでは、この三十年以上のあいだ、実り多い相互関係を展開してきました。

心理療法士は、小学校から大学にいたるまで、あるいは特別支援学校から普通学校にいたるまで、教育の世界の喜びや課題、そしてさまざまな障害や問題に出会い、それらに取り組む機会を持ってきました。他方、講座に参加した教師には、ほとんどの教職訓練課程に欠けている次のようなものが提示されてきました。すなわち、子どもの心理的発達の本質やさまざまな年齢や段階の性格についての豊富な理解、また子どもや青年の行動面や学びの面あるいはその両方に多大に影響する心理的トラブルに関する洞察です。

著者は、変化や分離、移行や死別、いじめや人種差別などの情緒的インパクトについて解説しています。教師は、この解説の基盤に子どもの心に関する多くの知恵と子どもたち一人ひとりを大事にする配慮があることが分かるでしょう。しかし親もまた、本書から多くの洞察や理解を得ることができるでしょう。本書が示しているのは、評価や競合に駆り立てられる現代の教育環境の不安やプレッシャーの中にありながら、教師が、一人ひとりの子どもを抱えていく関係性を通じて、それぞれの子どもの情緒的・認知的な「成長」を維持・促進する任務を担う教育機関の一員であるという達成感を追及することの大切さなのです。

本書の真髄は、この気持ちと考える力のつながりです。それは個人であれ、家族力動であれ、職員室やグループであれ、組織全体の中であれ、同じことなのです。本書は教育の本来の意味と発達上の重要な役割とに焦点を当てています。これらは、貴重な数年間をストレスに満ちたテスト中心のものに変えてしまう目標からくる、重圧的なカリキュラム作りとは対照的なものなのです。そのために本書では、子どもに学習意欲を持たせるものについての精神分析的な理解だけでなく、遊びや遊び感覚の本質についての見解をも述べています。こうした見解と、子どもたちとその悲喜こもごもの世界の生き生きとした観察事例とが、この本の中身を学びの経験そのものにしているのです。

謝辞

本書の執筆には長い時間がかかりました。筆の遅い私を忍耐強く見守って下さった方々、励まし続けてくださった方々に感謝の意を表したいと思います。本書の基盤となっている「教えることと学ぶことの情緒的要因――カウンセリングから見た教育」の講座のスタッフと受講生、学校生活から観察素材や記録を提供してくださった方々に、とりわけ感謝しています。

故ヘイミッシュ・カナムの夫人ヘイゼルは、彼の講義ノートを提供してくれ、ディアドレ・ブラウンが彼の直筆を判読してくれたのです。良きにつけ悪しきにつけ、誰しも特別な影響を受けた教師を覚えていると言われています。私の中等学校の歴史教師は、書く喜びを教えてくれました。いまでも彼女にとても感謝しています。生徒の情緒的体験に真剣に関心を持ちながら、それと結びつけて効果的な教科指導も行うことが可能なことを、最初に私に教えてくれた人は彼女でした。

シリーズの編者であるマーゴ・ワデルの寛容さ、コミュニケーション・クラフト社のエリック・キング、カルナック・ブックスにも御礼を申し上げます。

はじめに

この本は、タビストックの講座『学ぶことと教えることの情緒的要因——カウンセリングから見た教育』で、これまでに講義したものを論文にしたものです。この講座は、教師や教育の場で働く人々に向けたものであり、三〇年以上も続けられています。そもそもは当時タビストック・クリニックの児童心理療法訓練部門長のマーサ・ハリスと彼女の夫であり、教育学者で作家でもあるローランド・ハリスの共同研究としてはじまりました。教育理論やその実践において、児童心理療法士と教育者がともに身近で働き、臨床的思考と専門技術が協力していくことが、今日まで続いています。

最初に講座の土台となる考え方を練り上げたのは、イスカ・ザルツバーガー - ウィッテンバーグ、ジアナ・ヘンリーとエルシー・オズボーンで、一九九三年に出版された『学校現場に生かす精神分析——学ぶことと教えることの情緒的体験』は、今日でも高く評価されている中核的なテキストです。この新しい本『学校現場に生かす精神分析【実践編】——学ぶことの関係性』は、再び同じテーマを訪ねて、今日の教育状況に応用精神分析的思考を位置づける試みとなっています。この本の着想は、ヘイミッシュ・カナムと私がその講座で一緒にチューターをつとめたときに生まれました。児童心理療法家の資格をとったばかりの私とヘイミッシュには、治療とは異なった職場で精神分析的な考えを利用できるようにするという共通の関心がありました。児童心理療法士になる前、ヘイミッシュは、児童養護施設のソーシャル・ワーカーであり、私は教師でした。臨床訓練に入るかなり前から、私たちは二人とも自分たちの経験から問題意識を持ち、精神分析の理解がかなり役立つことに気づいていました。

この講座やこの本への情熱の源は、二つあります。ひとつは、悩んだり傷ついたりした子どもの治療から、私たちは子どもや青少年の生活において学校での経験が中心的な重要性をもつことに気づいたのでした。一般的考え方では、すべての病気を乳幼児期の不運な体験に帰するのが精神分析の特徴だと思われています。早期の関係性が、その後の発達に重要であることを過小評価するつもりはありませんが（第一～三章を参照）、公教育の重要性に対して適切に敬意をはらい、子どもと教師の関係性が潜在的には「治療的」であるということが理解されるような本を目指しています。教師は「治療者」ではありませんし、またそうあるべきでもありません。しかし教師と子どもとの関係性には、発達のためのみならず、修復のためのすばらしい潜在力があるのです。

第二の原動力は、教えるということが職業として、いかにやり甲斐のあることかという認識でした。その本来の仕事が「カリキュラムを履行する」と言ってしまえば、基本的業務は単純に聞こえますが、その複雑さといったら膨大です。科目の内容を分かって、能力の違う集団に対して、興味や注意を引く年齢相応の授業の準備をするのはもちろん、教師はおおぜいの子どもにも対処しなければなりません。しかも子どもには、そもそも変化や発達のプロセスが継続中なのです。程度はさまざまですが、若者や子どものなかには、学習できない、あるいは社会的行動規範に従えないような人が、著しい数で存在します。複雑な組織や幅広い教育サービスの一部として、チームや集団のなかで同僚とともに働くという難題もあります。献身的で有能な教師が、数え切れないくらいいますが、職業としては、教えるということは、否定的な投影を引き寄せ続けてもいるのです。多くの場合、一人ひとりの教師は、その良さは理解されています。しかし集団となると、教師は（ソーシャル・ワーカーもそうですが）、社会の諸悪の原因と見なされてしまいます。

ヘイミッシュと私は一緒に仕事をしていくなかで、ひとつの確信を共有するようになりました。つまり無数の投影にさらされて耐えている教師を援助するうえで、精神分析的な思考を応用することが大きな違いを生み出せるというものです。彼と私はこの本の内容を企画し、お互いに特に関心があることや講座で教えている連続講義の形にそって、担当する章を分けました。

悲しいことに、この企画を計画通りに完成できませんでした。ヘイミッシュ・カナムが痛ましい病気にかかり、二〇〇三年に亡くなったのです。その後も私はこの本に取り組み続け、第一章と第四章を含めることができて満足しています。この二つの章はもっぱらヘイミッシュの成し遂げた仕事なのです（第四章は彼が行った講義を編集したものです）。私の思考に彼の影響があったことは、テキストの他の部分でも明らかです。特に集団や組織についての彼の業績には、感謝の意を表しておきたいと思います。第九章と第十章の広い範囲で、それを参考にしました。

ヘイミッシュの序章（第一章）は、『教育的治療と治療的教育』という本のなかに二〇〇〇年に最初に掲載されたものですが、あとに続く章でさらに探索されている理論やテーマを幅広く紹介しています。これは盛りだくさんの章で、ヘイミッシュを知る読者は、彼の文学への情熱と的確な精神分析的な思考の両方を思い出すでしょう。第二章は、いくつかの重要な精神分析の概念と教室での無意識的プロセスの現れ方についての理論を概観しました。

乳幼児期の学習理論に基づいて第三章では、幼い子どもにとって遊びがもっとも重要だということを考察し、のちの発達における遊ぶことと学ぶことの関連性にポイントを当てています。ヘイミッシュと私は本書について議論するなかで、ひとつのバランスをとることを試みるということで一致していました。バランスとは、一方では学ぶことに含まれる避けられない不安と羨望を強調し、もう一方ではクラインの「認識愛本能（Klein, 1931）」という考え、つまり学ぶことがしっかりと抱えられるような関係で起きればそれは喜びになるということに、しっかりと注目するというものです。第三章では、乳幼児観察の対象であるティモシーが意図性と喜びを伴ってエネルギッシュに発達している様子を見ていきます。

第四章と第五章では、潜伏期（学童期）と思春期にそれぞれ光をあてています。子どもと親、子どもと学校、教師と生徒の関係を支配していると思われる力動を重点に、発達課題が解説されています。こうした流れで、おもな発達段階に特徴的なさまざまな心の状態とさまざまな種類の学習について言及していきます。

始まりや終わりや移行の時期に注意を払うことの重要性は、開設当初から講座の中核となっていました。乳幼児期の主たる養育者からの最初の分離が、それらの原型となる体験と見なされています。そして後の喪失や変化が、最初の体験を再想起させるプロセスとして注目されます。実際への応用という点では、始まりと終わりについて考えることは、もっとも有用なことの一つだと受講生の多くがコメントしていました。それは変化と苦闘する生徒一人ひとりが考えることを活発にするだけでなく、より広範な計画、ときには施設全体の計画にも影響を与えます（第六章）。

第七章は、精神分析的な「観察のスタンス」という概念、そしてこの種の観察を教室でおこなう有用性を、さらに詳細に見ていきます。「ワーク・ディスカッション」（訳注1）セミナーで、参加者がそれぞれの職場での観察を討議するありさまを紹介するために、長い事例記述を本章には含めています。第八章は、特別支援教育を必要とする子どもを教えることに関わる要素のいくつかを検討し、ふたたび乳幼児観察で提示された事例を素材として利用します。

本書の後半には、タビストックの講座の二年目のカリキュラムが反映されています。焦点は、集団や施設内の力動が個人に与える衝撃についての検討へと移ります（第九章）。第十章は、学校における投影プロセスについて精神分析の展望を提示します。「ギャング」集団、いじめ、人種差別についてです。第十一章では、家族集団の役割、親と学校の関係に影響する要素をいくつか吟味していきます。

最後の二つの章では、私個人の関心事をいくつかじっくり考えていきます。第十二章は「乳幼児観察とその応用国際誌（International Journal of Infant Observation and its Application）」で、二〇〇五年に最初に公表した論文の転載です。その論文の目的は、査定や査察を受けることによって、かき乱される内的力動を解明することです。しかしここ数年間、教師が働いている外的な枠組みを私はますます意識するようになってきていると強く自覚しています。政治家は、教師の役割の重要性を強調しますが、すぐに批判します。実際、現在の社会・政治的背景には、おびただしい矛盾があります。教師は、いまでは違法となった体罰のたぐいで裏打ちされた昔の冷たい権威主義者のイメージでみられてはいません。強い動機をもって子どもの成長を促し、親には友好的な優しい専門家とみられているのです。同時に、生徒の進歩や成績はますます融通の利かない厳密な方法で評定されます。また教師自身もとても非人間的で、しばしば懲罰的な類の査定を受けています。

ここに再掲載された論文を書いてからの短期間に、「学力水準を上げ」ようとしてさらに評定や査定の積み重ねが追加されたように思えます。実際にこの多くは、情緒的経験を圏外に置いてしまっていることが、ますます明白になってきています。これは、反社会的行動、いま流行っている無茶飲みのような社会病理の増加への反応として、監視カメラを設置したり、高い水準の治安維持やより重い罰則を導入する政治文化と対応しています。そこには内的力動の複雑さに関する考えはいうまでもなく、人間の体験の性質を考える余地はほとんどありません。

そこで統合（inclusion）と排除（exclusion）の視点に焦点をあてた、最終章（第十三章）を加えることにしたのです。この章で私が提示した人々のほとんどは、今では四〇代になっているでしょう。何人かには孫もいて、その子たちは学校に通っていたり、通えなくなっているかもしれません。私を最初に精神分析的な考えに導いたのはこうした若者の行動で、難題に当惑させられました。私は答えを求めて、タビストックの「教えることと学ぶことの情緒的要因」という講座に出席しました。すぐに分かったことは、答えは与えられないということでした。でもそのかわりに問いを発し、自分自身と自分の生徒たちを観察し内省する機会を授かりました。そこから考えることと理解することについての新しい世界が開けたのです。したがって、本書の最後に、こうした若者たちの話にスペースが割かれることは、本書の趣旨にふさわしいと思います。

（原注）守秘義務のために、すべての子どもの名前は仮名です。

（訳注1）『学ぶことと教えることの情緒的要因：カウンセリングから見た教育』講座の中核的セミナー。詳細は、第七章で述べられる。

第一章 「赤ちゃんはどこから来るの？」——子どもに学びたいと思わせるのは何か

ヘイミッシュ・カナム

この章では、青少年の教育に関わる人たちが抱くいくつかの根本的な問いについて考えていきたいと思います。それらは、学ぶことを促進するものは何で、それを妨げるものは何かという問い、また学習における問題にどれくらい情緒的要因があるのか、どのくらい外的環境によるのかという問い、さらになぜ子どもは、ある教科を他のよりも難しいと思うのかという問いなどです。そして私が焦点を当てたい中心的な問いは、そもそも子どもが学びたくなるようにさせるものは何かという問いです。

学ぶことと考えることの障害は、教師と同じように精神分析家や心理療法士にとっても重要な関心事です。メラニー・クラインのもっとも初期の出版物には、学ぶこと、読むこと、書くことに関わる困難について、そして学校での子どもの困難について書かれています。心理療法家は、学ぶことと考えることにおける問題に関心があります。というのも、自分自身について考える能力や経験から学ぶ能力が、人格の発達や精神分析的治療を利用する能力という点で決定的だからです。

チャールズ・ディケンズは、小説『ハード・タイムズ』（一八五四）で、二つの対照的な学ぶ方法の例を描いているように思えます（Canham & Youell, 2000）。マッチョーカムチャイルド（マッチョ・子ども）先生とグラッグドライン ド（現実家）先生は、「事実」と知識の集積に基づいた学習システムを説いており、想像や「空想」の役割は、事物の外的特徴の無味乾燥な暗記の反復より劣っていると教えています。シシー・ジュープ（弱虫スカート）は、自分の心を用いて、自分自身の考えを持つことで、学ぶ主題と意味のある個人的な関係を育むことを通して、学ぶことに生気を吹き込んでいます。これから引用する部分でディケンズがした区別は、ビオン（Bion, 1962）が述べた、何かを「経験から学ぶこと」と何か「について学ぶこと」の違いに相当しているように思えます。前者は、学んでいることとの本当の情緒的なつながりなしに、学ぶ主題について知識を集めていることとは異なるのです。経験から学ぶ能力こそが、私がここで主に関心を向けている事柄なのです。

『ハード・タイムズ』は、グラッドグラインド先生が、校長のマッチョーカムチャイルド先生に彼の教育哲学の概要を述べることからはじまります。そしてそれをクラスで実証しています。

「さて、私が必要と考えているものは『事実』なのです。ここにいる男女児童たちに『事実』だけを教えてもらいたい。『事実』だけが人生で必要なのだ。他のことはいっさい植え付けてはいけない。他のことは全部根こそぎ引き抜いてもらいたい。理性を働かす動物の精神は『事実』に基づいてこそ作り上げることができるのだ。それ以外のことは、この児童たちにとって何の役にも立ちはしない。これは私の子どもを育てる際の原則であり、これこそ、わたしがこの児童たちを育てる際の原則なのだ。決して『事実』から離れてはいかんのだよ、君」

「さて、皆に質問してみたい。君たち、馬の模様の壁紙を部屋に貼りたいかね」少したって子どもの半分が一斉に叫んだ。「はい、張りたいです」これに対して残りの半分は、この紳士の顔を見て「はい」という答えが間違いだと悟って、こういう試験ではいつもそうなのだが、「いいえ、張りたくありません」と一斉に叫んだ。

「もちろん、そのとおりだ。なぜ張らないいんだろう?」

しばしの沈黙。でぶで、のろまな少年が、ぜいぜいと息をしながら、思い切って答えた。「部屋に壁紙なんか全然張りたくないいんです。そこに絵を描きたいいんです」。「壁紙はどうしても張らねばならんのだ」トマス・グラッドグラインドは言った。「おまえがそうしたいと思っても、思わなくてもだ。張りたくないなどといってはならん。おまえはどういうつもりなんだ」

「それでは、なぜ馬の模様の壁紙を張らないかを皆に説明しよう」とその紳士は、二度目の陰鬱な沈黙の後に言った。「君たちは馬が部屋の壁をあちこち現実に――事実としてだ――歩き回っているのを見たことがあるかね。どうだね」「はい、あります！」と半分の生徒が言う。「いいえ、ありません！」他の半分が言う。

（山村元彦・竹村義和・田中孝信共訳『ハード・タイムズ』英宝社　二〇〇〇）

世界を見る正しい方法があるという、想像力と信念への抑圧が、もちろんマッチョーカムチャイルド氏とグラッドグラインド氏の名を借りて描かれています。シシー（グラッドグラインドはセシリアと呼びます）は、別の見方をしています。

このときまでに「いいえ、思いません」と答える方がこの紳士に対しては正しい答えだと皆は確信していたので、「いいえ」の大合唱が起こった。ほんのわずかな生徒が、ばらばらと、か弱く「はい」と答えたが、その中にシシー・ジュープがいた。「女子二〇番」紳士は知識を持ったものの強みで、穏やかに微笑んで言った。シシーは、顔を赤くして立ち上がった。「それでは君は自分の部屋に――あるいは大人になって、夫を持ったら、君の夫の部屋に――花模様のカーペットを敷きたいというのだね」と紳士は言った。「どうしてそう思うのかね？」「あたしは花が大好きだからです」と少女は答えた。「とすると君は花の上にテーブルや椅子を置き、人々に重たい深靴をはいたまま花の上を歩かせようというわけなんだね」「そうしても花を傷めることにはなりません。花はつぶれたり枯れたりしませんから。花模様はほんとうに美しい楽しいものを描いたものですし、あたしの空想では――」

「よし、よし、よし、だが君は空想などしてはいかん」紳士は、自分の話の要点にうまく近づいてきたことに気分が高揚して叫んだ。「そうだ！　決して空想などしてはならない」

「空想などといったことをしてはならん、セシリア・ジューブ」トマス・グラッドグラインドはもったいぶった態度で繰り返した。

私は、事実や数字には価値がないと示したいわけではありません。しかし経験から学ぶ能力、つまり子どもが頭を使い考え感じる能力の発達が、子どもが自分自身の人生を生きていけるように準備していくのを手助けするものであり、私が「学ぶこと」について語るときに意味しているのはそのようなことなのです。実際、潜伏期の子ども（小学生）にとって、この種の知識を獲得することは、重要な役割を果たします。

学ぶことの精神分析理論――認識愛本能

一九三一年の「知性の制止についての理論的寄与」という論文で精神分析家メラニー・クラインは、すべての子どもは世界について知りたいという願望をもって生まれてくると提唱し、これを「認識愛本能（epistemophilic instinct）」と呼びました。人生の最早期では、この好奇心が母親や母親の内部で起こっていることに集中していると彼女は考えました。時間とともに、子どもの好奇心の範囲には、他の家族や、母親と家族との関係の特徴や性質が含まれるようになっていきます。身近な家族に向けられた最初の関心は、少しずつより広い世界へと向けられ、学ぶ願望の基礎となります。

学ぶ願望を育むうえで両親や家族が果たす役割については、のちほど触れたいと思います。それでは認識愛本能が直面する問題から始めることにしましょう。それは、子どもや大人が、自分が見出すことや、生来的に知っていることを受け入れられないかもしれないという問題です。ここに、私たちが皆、一生を通じて直面する苦闘があります。それは、学び知ることに耐えられるかということです。発見したい願望と真実を知りたくない願望とのあいだに緊迫した対立があります。学びの核心には、こうした問題があるのです。新しい知識や心のなかではすでに知っている真実を受け入れることは、しばしば怒りをともなった抵抗を喚起します。ブリトン（Britton, 1992）が述べています。「それ（新しい知識）は敵意を喚起し、安全を脅かし、万能であるという主張を挑発し、無知や無力さをあらわにし、新しく異質なものすべてへの潜在的な憎悪を解き放ちます」（p.38）。

このことがそのまま当てはまるのが、ガリレオが地球は太陽の周りを回っているのであって、逆ではないと主張したときです。そのとき彼は、自説を撤回するように強制されました。政治家や宗教家にとってこの地動説を受け入れることは、彼らの世界とその支配が拠って立つところの仕組が蝕まれると感じられたのでした。つまり神が宇宙や太陽系を創造し、神から任命されたローマ教皇、枢機卿、君主がその中心にあるという仕組です。思うに重要なのは心のなかで、新しい知識が巻きおこすこの種の原始的反応に耐えることであり、意見を取り入れる道を探そうとすることです。そうすれば防衛的になったり、結果として拒絶するよりは、耳を傾け考えられるようになるのです。エミリー・ディキンソンの詩「真実をそっくり語りなさい、しかし斜めに語りなさい」（一八六八）は、このジレンマの本質をとらえています。

真実をそっくり話しなさい、しかし斜めに語りなさい――
成功はまわり道にあります
わたしたちのひ弱な喜びには明るすぎます
真実のもつ至高の驚きは
丁寧に説明すると

子どもたちは稲光りを怖くなくなるように
真実はゆっくりと輝くのがよいのです
さもないと誰もかも目がつぶれてしまいます――

（亀井俊介編『対訳ディキンソン詩集　アメリカ詩人選(3)』岩波文庫　一九九八）

この問題を考えているうちに私は、精神分析家ロジャー・マニー - カイルの考えが特に役立つものだと分かりました。「認知的発達」（Money-Kyrle, 1968）と「精神分析の目標」（Money-Kyrle, 1971）という論文で、彼は、人生には三つの重要な事実があり、それらを受け入れるか認めないかで、学ぶ能力が強くなりもすれば、その足かせにもなると主張しています（この点については、シュタイナー（Steiner, 1993）によるマニー - カイルの考えについての討議もご参照下さい）。この三つの事実の第一は、「究極の良い対象としての乳房の存在を認めること」と彼が呼ぶものです。これは彼の表現を使えば、赤ん坊としての私たちが、生存のために誰か――一般的には母親ですが――の世話に完全に依存しているという事実です。他者による世話や他者からの思いやりのある行為なしでは、赤ん坊はすぐに死んでしまうでしょう。

以上のことが学校場面において意味することは、たくさんあります。生存のために外の誰かに依存しているということを受け入れられない子どもは、学ぶために教師の助けが必要だということを受け入れるにあたり、問題を抱える傾向があるようです。彼らはもう知っているので学ばなくてもいい子として、学校に来ているかもしれませんし、学ぶことがどこから来ているのかということを認めずに、こっそりと教師の言うことを吸収しているかもしれません。盗用という形で現れる学習のタイプで、アイデアの本当の創作者の存在は認められていません。あるいはメルツァーやハリス（Meltzer & Harris, 1986）が「残飯あさり学習」と呼ぶようなもので、さまざまな方面から細々としたものを拾い集めて成果を組み立てて、あたかも自分のアイデアであるかのように寄せ集めているようなものです。この人生の事実を受け入れることは，子どものもって生まれたものと密接な関係があります。つまり欲求不満に耐えて，与えられたものを喜んで取り入れられるかどうか，あるいは母親の世話する能力やひいては教師の知識や能力への羨望がとても強いために，差し出されたものを攻撃してしまうかといったことに左右されるのです。

マニー‐カイルのいう二つ目の事実とは，「両親の性交を究極の創造的営みとして認めること」です。このようにマニー‐カイルは，精神生活にとって，両親の関係が決定的に重要な意義を有することを伝えています。メラニー・クラインは，世界や自分自身について学ぶ能力は，子どもが両親の関係の本質を発見し接近する方法にルーツがあり，学ぶことの問題の多くは，エディプス状況について学ぶことの障害の結果として生じていると考えました。思うに，シェーマス・ヒーニーの詩「ある自然児の死」（Heaney, 1966）は，赤ちゃんがどうやって生まれてくるのかを知りたいという少年の願望を，そして赤ちゃんはどこから来るのという通常の好奇心と奪い取ったりコントロールするような侵略的な関心との微妙な境界線を描写しているように読めます。

ある自然児の死

年がら年中，亜麻溜めが里の真ん中かで爛れていた
緑色のどてっとした亜麻の頭が腐って
大きな芝土に押しつぶされていた
毎日厳しい太陽で茹っていたのだ
細かい泡がぼこぼこと湧き
アオバエが悪臭の周りで強靭な紗の音を織っていた
トンボの類や斑点をつけた蝶もいたが

一番素晴らしかったのは土手の陰で
どろっとした液状体で育っている
生暖かい涎の固まりのような蛙の卵だった
ここで僕はジェリーで包まれた粒々を
ジャムの空瓶に一杯詰めて家の窓敷居や学校の棚に並べ
粒が膨らみに突然敏捷泳ぐオタマジャクシになるのを
じっと待ち望んで見ていたものだ
女のウォールズ先生はどうして父ちゃん蛙は
牛ガエルと呼ばれるのかとか
またこの蛙が鳴くと
母ちゃん蛙が何百という小さな卵を生むのかとか
それが蛙の卵ですよとか　教えてくれたものだった
ねえ君たち　蛙でも天候が分かるのよ
お天気のよい日は黄色　雨の日は茶色なの

ところである猛暑の日　耕地が牛の糞で臭い出すと
怒り狂った蛙たちは亜麻溜めに入り込んだ
僕は身を屈めて垣根をくぐると今まで聞いたこともない下卑た声に出会った
あたり一面は低音のコーラスで一杯だった
亜麻溜めの真下の芝土には大きな腹の蛙どもが頭をふんぞりかえらし

たるんだ首は帆のように鼓動していた　何匹かが跳んだ
ピチャピチャという卑猥な音を聴いた僕は怯えた
何匹かは泥まみれの手榴弾のように座り　ぼてっとした頭でへをこいていった
僕は気分が悪くなり身を翻して走って逃げた
大きな泥濘の王たちが復讐のためにあそこに集まっていたのだ
手でも漬けようものなら
蛙の卵は僕のその手をつかんで離さないだろうと悟った

（村田辰夫・坂本完春・杉野徹・薬師川虹一訳『シェイマス・ヒーニー全詩集 1966～1991』国文社　一九九五）

詩のなかの少年は、自分がしたことに恐れをなしたようです。つまり両親の性交に割り込み、赤ちゃんをおたまじゃくしの形で取り去ってしまったのではないかと恐れています。彼は、両親すなわち蛙が報復したがっていると恐れているように思えます。自然児の死という詩のタイトルは、勉強の領域としての自然界とくに生物学が、彼がそれに侵入的に接近した結果、おもしろみを失い、そのかわりに逃げ出したくなるものになったということを示唆しています。

両親には性関係があって、自分はそこから排除されている。この事実を認識することから、微妙に顔を背けることはよくあると思います。多くの大人や子どもがある時点で持つ広くいきわたった空想、つまり自分が養子で実は王家の末裔であるという空想（フロイト〔Freud, 1909c〕が「家族ロマンス」と呼んだもの）が、ひとつの例です。この人生の事実を知るのを回避することが、教室での学習にどれだけ密接な関わりがあるかが分かるでしょう。すぐにわかることは、生物学を学ぶ上での問題は、おそらくここに根ざしているであろうということです。しかしそのようなことは、数学のような他の教科の障害にもなっていくかもしれません。ありそうもない飛躍に見えるかもしれませんが、関連があるということが、私がアンナと呼ぶ六歳の患者によって示されました。

この少女の両親は二人とも子育てに関わっていましたが、下の子どもの誕生後すぐに、別居しました。彼らは近くに住んでいて、また一緒になろうと思っています。おおよそ一年間心理療法をやってきて、初めて両親がそろって彼女を連れて来たときのことをこれから述べようと思います。普段は、母親が彼女を心理療法のセッションに連れてきていて、たまに父親が連れてきました。

アンナは部屋に入ってきて、紙にいくつか顔を描き始めます。最初に自分の顔、次に私の顔、次に父親の顔、そして妹の顔を描きます。最後に、母親の顔を描きます。母親の顔は、父親の顔から最も離れた端にほんとうに小さく描かれています。父親の顔と母親の顔のあいだの空間に、他の顔すべてが描かれています。そしてアンナは、父親と母親のあいだは除き、みんなをつなぐあらゆる関係を矢印で描きます。お父さんとお母さんが一緒にいることを考えること、二人が彼女を今日のセッションにつれてきたことを認めるのが、君には大変なようだね、と私はアンナに話します。両親がそれぞれ紙の反対の端に描かれていて、二人だけが矢印でつながってないのは、実際に二人をバラバラにしておきたいからのようだね、と私は指摘しました。そのあとアンナは算数をやると決めて、学校で習っていることを始めました。別の紙をとって、自分で一＋四十六と足し算を書いて、答えを＝四十六と書きます。つぎの足し算は十＋十八で、彼女が書いた答えは、十八です。

このように、両親が一緒にいることを理解するのが難しいアンナにとって、同じように算数も難しいことが見て取れます。彼女は、合計の半分だけを見ることができます。アンナにとって、一と四十六や十と十八をくっつけることは、両親がつながりを持ち一緒になることを心のなかで許すという意味なのです。この事例では、さまざまな内的要因と外的要因の相互作用よって、両親をカップルと見なすことが難しくなっていたのです。両親は現実に別居していますが、彼女は心のなかで両親をもっと離しているのです。私がこの人生の事実に比較的多くの紙幅を割いて、この章に「赤ちゃんはどこから来るの？」と名づけたのは、エディプス・コンプレックスを乗り越えることは、人格や学習能力の発達に関して中心的な役割を果たすからです。

マニー - カイルの人生の事実の三番目、すなわち最後は、「時間の不可避性を認めること、つまり究極的には死を認めること」です。この事実を認めることは、その後のすべての喪失の原型となる離乳の体験に、極めて大きな関係があります。シュタイナー（Steiner, 1993）は次のようにコメントしています。

> それは、すべてのよいものには、必ず終わりがくるという事実の認識と関連しています。乳房は永遠に手に入れ続けられるものではなく、外的世界に存在していることをこの事実が自覚させるのです。（p. 99）

教室ではこのことが、臨時教員が直面する問題として、あるいは教科や教室が変わるときに生じる問題として現れてくるかもしれません。時間という現実を受け入れる際の問題として現れることもあります。つまり子どもや十代の少年少女が宿題の提出を遅れたり、宿題をする時間や試験の見直しをする時間を十分にとらなかったりするのです。こうしてつながった問題すべての源が、時間には限りがあるという現実を回避して嘘をついている点にあるといえるでしょう。それはおそらく発達途上の思春期の心の状態として、時間は永遠に自分の好きにできるものという感覚が起きるときに、もっとも顕著になります。しかしエリオット・ジャック（Jaques, 1965）が「死と中年期危機」という論文のなかで指摘したように、死が不可避であるということは、人格が継続的に成長し、仕事をしたり愛したりする能力が発達し続けることを確かめるために、特に中年期では再検討される必要がある事柄なのです。

こうした人生の事実は、学ぶことの刺激にも障害にもなり、より多くの場合、両者の不安定な組み合わせになりえます。つまり現実に直面し真実を知りたいという願いと、知りたくないという別の人格とがせめぎあうのです。どの性格の側面あるいはどの人格の部分が時間の大半を支配しているかは、子どもの生来的な性格傾向だけではなく、最早期の母親と乳幼児の相互作用や家族と乳幼児の相互関係での学ぶ体験によって決定されるのでしょう。

乳幼児期の学び

クラインの理論を展開して、ビオン（Bion, 1962）は、最早期の段階の母親と赤ちゃんの関係における相互作用のパターンに基づく学習モデルを提唱しました。彼が提唱したことは、とても小さいときに赤ちゃんは、自己の体験を考え理解するにあたり、母親からの重大な手助けを必要としているということです。赤ちゃんから伝わってきた原始的不安を「抱える（包容する：contain）」(訳注2)ことのできる大人との接触体験があれば、赤ちゃんは自分のことを考えてもらえたという経験をもつことになります。この体験が比較的一貫したものであれば、身体的・精神的存在として母親に実際に依存することがもっと少なくなり、自分で考えなくてはいけなくなったときに、この記憶をたぐり寄せることができるでしょう。そのため学んだり考える能力は、母親と赤ちゃんの心が出会うところに起源があるのです。一般にこの機能を果たすのは母親ですが、心を合わせて育ててくれる人であれば、どんな人でも果たしうるということは強調しておくべきでしょう。

人生の最早期の数カ月間に両親と赤ちゃんがうまくかみ合い、授乳の関係を切り抜ける方法は、その後のすべての経験のための道を開くのです。授乳するということ——食物を取り入れ消化すること、悪いものから良いものをえり分けること——は、学習の原型です。さまざまな言い回しのなかには、この結びつきを表すものがいっぱいあります。「読んで学んで、消化する」、「噛み砕いて考える」、「知識に飢える」など、です。つまり関心や好奇心を維持できるという、経験から学ぶことに基づいた学習モデルは、子どもの内面で築かれるのです。

ビオンのコンテイナー（容器：container）とコンテインド（中身：contained）の理論において、乳児の心と母親の心が出会うことでいかなる成果が生じるのかは、母親の受容性や不安に耐える能力や思慮深さだけで決まりません。赤ちゃんはそれぞれ、気質も異なりますし、羨望や敵意の強さ、そして受動性などの程度が異なって生まれてきています。このことが母親と子どもの両方にとって、自分のことを考えてもらうという経験に影響を与えているのです。まさに人生の始まりから、外的な経験と一人ひとりの生来的性質とが複雑に混じりあうのです。子どもが成長するにつれ、子どもが学ぶ時に助けとなるのは、誰かがそばにいてくれているという感覚でしょう。これは、子どもが幼いほど、親やほかの大人――たとえば保育士や教師など――が、実際に身体的に存在するということに依存します。思うに、誰かがそばにいてくれているという感覚は、幼い年齢の子どもも持っていますが、小さな子どもには、学ぶときにそばに実際にいて助けてあげることは大変重要です。これにはおもに二つの理由があると思います。

最初に小さな子どもは、世界についての知識をえた喜びを共有する人を必要とします。ヨチヨチ歩きの幼児が何か新しいことを学んだとき、非常に多くの場合、最初の反応は、この発見を両親や世話をする人と共有したがるということです。自分が学んでいる事柄についての発見の喜びが、両親や教師などの喜びと一致していると感じれば、子どもはさらなる発見へと勇気づけられていくでしょう。幼い子どもの親と話すと、感動させられます。彼らは、自分の子どもの目を通した新しい視点から世界を眺めることについて語りますが、これが親自身の子ども時代からの感情や考えを再発見したり、物事に新しい光を当てて見ることに役立っているのです。思うにこの雰囲気のなかで、両親

（訳注2）ビオンの用いるcontainという語は「包容」という意味をもち、container（器）とcontained（器の中身）の関係というように、人と人との関係性を捉える用語である。しかし、日本語の日常語としてはこなれていないこともあって、ここでは「抱える」という訳語も用いる。抱えるは本来ウィニコットのholdの訳語として用いられるので紛らわしいうえに、holdingとcontainmentは厳密に言うと異なる概念であるが、ここでは概ね類似した概念であることを強調することにした。相違としては、containmentには、投影（乳児や子どもが考えられない感情、耐えられない感情）を受け入れる、受け止めるという側面、そして受け止めたもの（考えられない感情、耐えられない感情）を考えられ、耐えられるものに変容させること、すなわち心の消化を行うという側面が重視されていることが挙げられよう。これらはholdingという概念には含まれていないが、本書においてcontainmentの訳語として「抱えること」を用いている場合、そのような含みもあることに読者の注意を促しておきたい。

が横で一緒に学ぶ体験を共有している状態にあることを、子どもは感じているのです。このことは、両親（そして教師）が、他の誰でもないこの特定の子どもの親になることを学んでいるという点で、かなり深いレベルで真実をついていると思います。しかし親や教師、治療者としてどんなに経験をつんでも、それぞれの新しい子どもとの出会いのたびに、その子どもの人格に関して何をしていくかを考えなくてはなりません。

第二に、小さな子どもには、学ぶための援助が必要だと思います。というのは学習はさまざまな段階の不安を引き起こすからです。これが学級サイズの問題がとても重要である理由のひとつなのです。学ぶことが、比較的行き届いた設定のうちにできれば、分からないと感じたり、ちっぽけに感じたり、馬鹿だと感じたり、競争が激しいと感じたりすることをめぐる子どもの不安を、教師が抱える（contain）ことのできる可能性が、はるかに大きくなります。成長するとともに子どもたちは、こうした機能のいくつかを仲間内でまかなうようになっていきます。しかしそれでも子どもや青少年とっては、その集団に優勢な気風が、学ぶことを促すようなものなのか、あるいはそれを阻害するようなものなのかによって、学ぶことのできる力は大いに左右されるのです。

学ぶことの困難さ

母親と赤ちゃんの絆を作ることが長いあいだできないと、子どもの学習能力に重大な影響をひき起こすでしょう。もっともはっきりと現れるのが、ネグレクトや虐待があるケースです。

抱えられる（contained）体験がとても不十分だった子どもは、子どもや子どもの発達に関心がある両親のイメージを取り入れていません。むしろ人は自分のことが好きじゃなくて自分に割いてくれる時間などない、と感じながら成長します。大きな援助なしで、処理できないような感情の状態に圧倒されて、世界は恐ろしく訳のわからない場所になっていきます。このような圧倒的な感情に直面して、子どもは自分を守るために防衛構造を組み立てます。しかしこうした防衛構造は、不安に対して保護もしますが、多くの場合、学ぶことを妨害します。このような子どもは、学習から遠ざかり関心を失っているようなことが多く、絶えず教科書や宿題を忘れますし、自分が考えていたことさえ忘れます。彼らは常に勉強したことを消し去ってしまったり、放り捨ててしまうでしょう。こうしたことは自分は人に忘れさられていると感じたり、実際に忘れさられた体験、そして恐らくは自分がゴミであり、人に嫌がられる存在であると感じるまでになった経験を反映しているのでしょう。この感覚は、しばしば教師のなかへ投影され、教師は役立たずで、それゆえ教えるべきものは何も持っていないと見なされます。

　これが剝奪の悲劇なのです。誰かに自分のことを考えてもらえないという最初の剝奪は、やがて、自分自身から手助けや学習を得る機会を自分で奪ってしまうという意味を持つようになります。したがって新しい状況に置かれるたびに、もともとの剝奪状況が再び呼び起されます。ウィリアムズ（Williams, 1997）はこれを「二重の剝奪（double deprivation）と呼んでいます。私が強調したいのは、早期の剝奪体験は、子どもが学ぶのはとてもつらいことだと思うという悪循環を作り上げるという点です。その反対に、早期に良い経験をした子どもは前向きの期待をもって、学習課題や教師に近づいていくということも事実です。虐待やトラウマの被害にあった子どもは、多くの場合、世界は発見するべき面白いことに満ちた、本質的に親切な場所だと見なすのをやめ、むしろ自己防衛しなくてはならないような潜在的な迫害者でいっぱいだと感じるのです。子どもが虐待やトラウマから回復するために決定的なのは、トラウマと折り合いをつけるのを手助けする周りの大人の能力です。つまり何が起きたかについて、考える手助けをする力です。最初は、どんなに難しく思えようとも。このようにして青少年は、いかにその取り組みが苦しいと感じても、考えることや学ぶことを続けられると知ります。子どもが考えるのを手助けする親の能力の限界をテストされる、そんな状況があります。

　最近、私が聞いた十歳の少女の場合、学校で読んだり書いたり、やるように言われたことを理解するのに重い障害がありました。この少女の母親との探索的な面接をとおして、数年前、少女が六歳のころ、大量服薬の末に死亡した父親を、彼女が発見していたことが明らかになりました。遺体はすぐに運び出されましたが、数カ月間は、お父さんは体の具合が悪いので病院にいると伝えられていました。夫の自殺直後から、母親は悲しみと罪責感に圧倒され、自分自身の体験の意味が理解できず、起きたことを娘にどう伝えて良いか分かりませんでした。長いあいだ少女は、かなり混乱した状態に置かれていました。遺体を発見したのだから、彼女の一部分は父親が死んだことをはっきりと分かっていました。またその後も、父親が死んだという会話を立ち聞きし、知っていました。しかし彼女の心の別の部分は、父親は病院にいるだけで、まだ生きていると本当に信じたがっていました。このことは、いわば母親によって助長されていました。その事件の直後からしばらく、母親は、彼女がすでに知っている真実を、娘が受け入れていけるように役立てなかったのでしょう。

これは極端な例ですが、子どもが真実を見つけ出す手助けをするうえで、親や他の大人の重要性を指摘していると思います。ビオンの認識愛的本能の考えは、私たちは生まれながらにして、世界の真実を発見したいという願望があるというものです。そして彼は、真実と心の関係は食物と身体の関係に相等し、そのため反対に嘘や真実の歪曲は心にとって毒になると感じていました。もちろん特に子どもにおいては、各自の発達段階をかんがみて、何を知る準備ができているか、どれだけ教えるのが適切かについていつも判断をくだしていかなければなりません。

思うに、集団や一人ひとりの子どもに取り組む教師や治療者には、知識そのものとは異なる、あるものを提供する機会があります。それは、不確かな気持ちや、無知の感情や、苛立ちの感情が引き起こされることにも動じずに物事を考えていこうとするモデルを、青少年に示すことです。子どもたちが、学ぶための新しい方法に触れる機会はいつもあり、それは世界についての真実を発見したいという、子どもたちの基本的な願望を掻き立てうるのです。

最後に、これが一人ひとりの教師の責任だけではないということを強調しておきたいと思います。有機的システムとしての学校の機能のしかた全体、これが生徒にどのようなタイプの学びを促進するかの根本に関わってきます。学校はたぶん他の組織よりも、学ぶ力量があることを生徒に示さなくてはなりません。つまり教職員が互いに話し合ったり、生徒が提起した問題を真剣に受け止める場所として、また学校の内外からの新しい難題に直面して進化し続けているところとして、生徒が学校をみなし体験するならば、生徒は自分のまわりに非常にしっかりと抱えてくれる（contain）構造を持つことになり、学校は経験から学ぶことが機能できるようなモデルとなるのです。

第二章　理論的概観——精神分析の概念とその応用入門

学ぶことと不安の関係

ジグムント・フロイトは、心のなかの無意識を概念化しました。意識的・論理的プロセスと、人間の多くの行動を駆り立てる不合理な無意識の力を区別するモデルを提供したのです。自分自身の夢生活の分析と臨床実践を通して、彼は無意識の空想がかなり初期の体験や乳幼児期の願望と関連しているようであると理解するようになりました。さらにフロイトは、性衝動が心の乳幼児的部分に大きな役割を果たすことを発見し、幼い子どもがどのようにして、どちらか片方の親を独占するという強い空想を持つかに、特に関心を持つようになりました（エディプス状況）。彼の同僚の息子の五歳児ハンス（Freud, 1909b）の事例研究で、彼は片方の親を独占したいという激しい願望が、もう一方の親への憎悪をともない、それとともにすさまじい不安、罪悪感、懲罰への恐れをもたらす道筋を示しました。フロイトは心のモデルを発展させ続け、一九三〇年代までには、生命を脅かす不安の最初の体験として、初めての分離の経験、すなわち出産時の母親からの分離を位置づけました。

メラニー・クラインは、子どもの患者をじかにみた最初の精神分析家でした。フロイトは重要な臨床技法として「自由連想法」と夢分析を確立し、クライン夫人は、子どもの遊びと描画も同じ方法で観察、解釈できうると主張しました。フロイト理論を発展させた彼女は、学びへの最大の動機は授乳する乳房（母親や養育者）からの分離に関する不安だと考えました。乳幼児は快適で十分に養われているという良い体験をし、この感情の状態を母親の世話（その「良い乳房」）と関連付けるようになっていきます。乳幼児は、不在で欲求不満をもたらすので憎い母親（その「悪い乳房」）から、満足させてくれるので愛する「良い」母親を保つために、分裂を用いるとクライン夫人は主張しています。このような悪い母親と良い母親は最初、まったく別の存在と見なされます。しかし子どもは成長するにつれ、ときには自分を心地よくしてくれない母親が、実際には、自分の欲求に愛情こめて応えてくれる母親とまったく同一のひとりの人間であることを理解するようになっていきます。

このように分裂は統合され、乳幼児は待つという欲求不満に辛抱し、愛と憎しみという両価的感情に耐えることを学ぶのです。つまり母親は愛する対象でも、憎い対象でもあるのです。

この発達は、クライン夫人が「抑うつポジション」と表現したもので、他者との分離の認識、愛他的な気づかいが始まる認識がある心の状態です。この状態は彼女が妄想・分裂ポジションと呼ぶ、分裂や投影が支配的な状態とは対照をなすものです。こうした用語は直線的な発達ではなく、私たちが生涯を通して揺れ動く二つの心の状態を表わすために用いられています。簡単に言えば、妄想・分裂の心の状態では不安が高く考えることが難しいのに対して、抑うつポジションでは不安は処理しやすく、学ぶために新しい体験を取り入れる心のスペースがあります。心の妄想・分裂状態は、過剰な羨望や信頼の欠如があることを意味しますが、抑うつポジションは気遣いや感謝を意味するのです。

メラニー・クラインの後、ウィルフレッド・ビオン（Bion, 1961）は、母親と乳幼児の関係性における「器（container）／中身（contained）」の理論を発展させ、これを考えることの起源と学ぶ能力とに結びつけました。そして母親の仕事は、人生の最初の数時間、数日、数週間かに赤ちゃんを襲う、困惑させるようなさまざまな感覚に意味を与えることであると、彼は提起しました。赤ちゃんにとって世界は、快と満足、不快など、ぼんやりとした内的感情に加え、匂い、音、光、影でいっぱいの場所なのです。母親は、赤ちゃんの欲求を満たそうと試行錯誤して、時にはうまくやれます。母親は赤ちゃんが感じているだろうことに思いを巡らせており、赤ちゃんからの無意識的なコミュニケーション（投影）を受け入れる用意があります。赤ちゃんに気持ちを沿わせる母親は、特定の種類の泣き声がお腹が空いたことを示し、別の泣き声が不快や抱っこの欲求を示していることを認識するようになっていきます。こうして時を経るにつれ赤ちゃんは、自分のことを考えてもらい、理解してもらう体験を繰り返すようになります。こうして、赤ちゃんにとっては、自分の感情が母親の心のなかの考えとつながっていくのです。これが、やがて赤ちゃんが、自分の体験の意味を理解するときに助けとなるのです。すべてが程よくうまくいけば、赤ちゃんは、自分のことを考えたり、理解してもらった体験を取り入れ（摂取）はじめ、考える能力の発達の基礎を形作っていくでしょう。

良い安定的な体験の取り入れは、良い内的対象の確立につながります。良い内的対象という考えは、回復力（resilience）、安定したアタッチメント、強いアイデンティティの感覚や自尊感情の概念と、（いくつか重要な細部で異なる点がありますが）多くの共通点があります。良い内的対象があるということは、パーソナリティのなかにしっかりとした核があること、そして将来、困難に直面するときに頼ることのできる内的資源を発達させていることを示しているのです。クラインとビオンは、ともにこうした経験の欠如によって、乳幼児が原初的不安に弱くなるプロセスについて記述していますが、これはエスター・ビック（Bick, 1986）が「崖っぷちの不安、奈落の底に落ちていく不安、液化する不安、生命力が漏れ出ていく不安といったタイプの破局的不安（p.71）」として記述したものです。

幼い赤ちゃんの観察の抜粋から、これまで述べたいくつかの点を例証できるでしょう。以下の記述は、タビストック・クリニックの精神分析的観察研究コースの受講生のものです。このコースの一環として、赤ちゃんのいる家庭を毎週訪問して、誕生から二歳までの成長途上の赤ちゃんの観察が行われます。

この観察の時点でローレンは生後四週でした。彼女には三人の年上の同胞がおり、午後遅くの「学校へのお迎え」

から家族はちょうど戻ったところでした。母親がすばやく買い物を台所へ運び、夕食の準備をし始めるあいだ、ローレンの最年長の兄（ウィリアム、十歳）が、彼女を抱いていました。

ウィリアムは膝の上に彼女をのせて、ソファに座っていました。彼は慎重に彼女を仰向けにし、母親が何度もそうするのを見ていた通りに、腿に沿って寝かせました。ローレンはウィリアムの顔を見上げて、落ち着いているように見えました。一瞬静かにした後、ローレンの顔はしわくちゃになり、小さな泣き声をあげました。赤ちゃんが顔を赤くしだして、ウィリアムは心配そうにしていました。彼は赤ちゃんを抱き上げて回し、彼女が彼の肩によりかかるようにしました。ローレンはこの方が気に入らなくて、ぐずりだしました。赤ちゃんは足を少しねじらせて兄の胸に押しつけ、その顔は本当に不快そうに歪みだしました。ウィリアムは赤ちゃんを仰向けにソファに寝かせて、話しかけようとしましたが、彼は自信をなくしてしまい、大声で母親を呼びました。まるでウィリアムの声でパニックの発生を察知したかのように、ローレンは刺すような金切り声をあげます。赤ちゃんの体は硬直して、足で宙を蹴りながら握り締めた拳を震わせています。母親がやって来て赤ちゃんをすくい上げ、ウィリアムに礼を言い、ローレンは疲れているのよと言って、赤ちゃんを寝かしに行きました。私（観察者）は、彼女についていきました。「ローレンはテレビの音から離れた食堂で休ませるわ」と、彼女はやさしく言いました。

ローレンは怒ってギャーギャー泣き続けていました。母親はため息をついて、「ローレンは辛抱していてくれたけれど、やっぱり私が（いい子を）期待しすぎたのよね」と、私に話しました。母親は肩に寄りかからせて彼女を抱き、優しく揺さぶりながら、前に後にと歩きました。私は母親はヘトヘトに疲れていて、いつもよりかなり不安げに見えると思いました。しかし結局ローレンは静まり、母親は彼女をベビーベッドに置き、思いやりをこめて彼女にこう言いました。「四番目の赤ちゃんのあなたも大変ね。世界はあなたを中心に回っているんじゃなくて、あなたが合わせなくてはならないのよ」。母親はローレンの頬をなでて頭の後ろにキスをしてから、毛布をかけて、「もう眠れるわ」と彼女に言いました。母親は赤ん坊を残し台所の方に行きました。

ローレンはしばらくじっとしていましたが、母親が行くやいなや、少し動き始めました。母親が私に話しかけたとき、ローレンは目を大きく開き台所の方へ頭を向けました。赤ちゃんは手足を伸ばし、蹴り、ぐずる声を出し始めました。赤ちゃんのぐずる声が完全な泣き声になるとともに、顔が赤くなっていきました。母親がローレンの名前を呼び、「いま行くわよ」と言い、やって来てローレンを見下ろし、「放っておけば落ち着くでしょう」と言いましたが、すぐさま「落ち着きそうもないわね」と言いました。母親はベビーベッドからローレンを抱き上げて座り、ローレンが母親を見上げられるように膝の上に寝かせました。母親はなだめるようにローレンに話しかけました。「はい、あなたのお望みは、これでしょ。せわしない午後のあとの、ほんのちょっとの心の安らぎと静けさ。あなたは、ただ抱っこされたかったのよね。」

ローレンはすぐに静かになり、母親がみんなの今日一日の出来事を話し続けるあいだ、母親の瞳をじっと見つめている様子でした。数分後、母親はおっぱいをあげました。赤ちゃんはおっぱいに吸い付き、一心不乱に飲みはじめました。

この短い抜粋から、赤ちゃんの身に交互に起きる快と不快の体験、そして母親が日常の家事をこなしながら、赤ちゃんの体験を理解しようとしている姿が分かります。母親がやって来る前に、兄が赤ちゃんの苦痛を感じ取り二人ともパニックを拡大していった様子が分かります。赤ちゃんにすっかり心を向ける前に、母親はウィリアムの奮闘にきちんとお礼を言いました。

良い親になるということには個人差があり、赤ちゃんにもその手のかかり方に個人差があるということは、疑いようもありません。器／中身の関係性の失敗が生じる理由は、いくらでもあります。ビオン（Bion, 1962）は、母親が赤ちゃんの投影を取り扱えないと、赤ちゃんは二倍の量の不安にさらされると示唆し、その理論をさらに深めています。赤ちゃんは、理解されないという体験をするだけでなく、自分自身が母親に投影したものは、母親の意識的・無意識的な苦悩や欲求不満をいっぱい詰めて毒性が増した状態で戻ってきます。これは、すべての赤ちゃんの生活にときどき起こります。しかし当然ながら、赤ちゃんが先天的に授乳することやなだめることが難しかったり、母親が過剰な不安感を持ったり、精神的苦痛を抱えていたり、抑うつ状態だと、その頻度は高くなります。

抱えること（containment）や良い内的対象という考えは、それがある種の魔術的プロセス、つまり子どもが成長する時に感じる心の痛みや苦闘に対する予防接種のようなものだと思われると、誤解を招きかねません。そういう働きはしないのです。生涯を通して不安は、学ぶことや発達に避けられない要素です。実際、ある程度の不安なくしては学ぶことはありえない、と言えます。少なくとも学ぶことが起こる前に、不安をともなった「知らない」状態の認識がなければなりません。これには、自分が知らないことを他の誰かが知っているという事実を受け入れることが含まれます。過度な羨望や依存の否認がある場合、この単純な現実は、かなり迫害的なこととして経験されるかもしれません（第一章を参照）。

不安への防衛

人間が、原初的不安という大きな衝撃からの防衛手段を必要とすることは、ずいぶん以前から認識されています。すべての防衛が反発達的であったり病理的であったりするとは限りません。現代では、「健康的」な分裂や「必要な」分裂という点から、投影同一化の前向きな活用について語ることが普通になっています。防衛が過度に行使されたり、無意識的なままだったり、思考のために利用できず、そのため修正が効かないときには、不安への防衛は発達や学ぶことにおいて破壊的な力となります。

人生の最早期の原型となる体験に立ち戻ってこの問題を考えるために、乳幼児観察の事例を三例、手短に述べて、一人ひとりの子どもが、不安への自己防衛に異なった傾向やスタイルを発達させる様子についてみていくことにします。それぞれの観察において、外的な状況は似ていました。赤ちゃんはすべて女の子で、両親はいずれもあまり若くはなく、溺愛する祖父母がいました。そしてみんな離乳にともなう変化に直面していました。三つの事例すべてが、母親の復職のために離乳を始めていました。最初の赤ちゃんシャーロットは、攻撃的な方法で反応していました。食物を吐き出し、母親を噛み、父親が彼女に近づくたび、金切り声を上げて怒って泣き叫びました。彼女の抗議の強力さに家族は驚いていました。第二の赤ちゃんステファニーは対照的に、抗議行動はせず、ただ発達が着実に進みました。この新しい状況への最良の対処法は、新しいスキルの習得に焦点を当てることだと、彼女と両親には暗黙の了解ができているようでした。祖父母は発達的にまだ難しいかもしれない玩具を買い与え、ステファニーがうまくやると大人たちはこぞって褒めました。いわば彼女は新しい「食物」を与えられ、それをガツガツと食べていたということでしょう。三番目の赤ちゃんアンジェラは、身体を活発に動かして反応し、ほとんどずっと動いていました。彼女は速く力強くハイハイし、床をノンストップで動きまわりました。ひっくり返っても、家具にぶつかっても、彼女はくじけませんでした。赤ちゃんがこの身体的な防衛で、訳の分からない母親の不在を、何とかやりぬけようとしているようでした。おそらく母親についていけるほど運動能力が発達するようにしているのではないかと、観察者には思えました。母親がこっそり出かけられるようにと、父親がアンジェラの顔を壁に向かせているのを見て、観察者は辛い思いをしていました。

三つの事例はそれぞれ外的変化、つまり母親の復職とそれに伴う乳房からの離乳が、赤ちゃんの発達の刺激になったと言えるでしょう。三人の反応は異なりましたが、健常の範囲内でした。この三人の赤ちゃんが、学校でどんな学習スタイルをとるのか、極度の不安に直面したときに、どんな種類の防衛に頼るのかを推測することは、たぶん興味深いことでしょう。ステファニーは、新しく学ぶことを「むさぼり」続け、これは発達のほかの側面を犠牲にするのでしょうか。人生が残酷で不公平に思えると、シャーロットは大声で抗議するのでしょうか。またアンジェラは、不安な感情を寄せつけないように活発な身体活動を利用し続けるでしょうか。

これらの観察記録は興味深いものですが、珍しいものではないことを強調しておくことは重要です。赤ちゃんや幼い子どもは、自分の不安を何とか処理する方法を発達させます。こうした初期のメカニズムの痕跡は、特に公教育で課せられる課題に関して、その後の発達期でもそのまま残るようです。しかしこの種の防衛構造は、不変ではないということを強調することも大切です。それは、子どもの様子に応じた柔軟な育児によって、そしてのちにはさまざまな不安を抱えてくれるような学校での経験によって、維持することが難しくなり、修正されうるのです。

ビック女史は防衛の発達を精神分析的に理解するうえで、とても重要な貢献をしました（Bick, 1968）。彼女は、乳児が、「第二の皮膚」と彼女が呼ぶものを発達させる様子を記しました。それは、乳児に、自分自身がしっかりと抱えられているという最初の体験を与えてくれる体の皮膚に相当するような、心理学的な等価物なのです。その独創性にとんだ論文（Bick, 1968; 1986）で、彼女は人生のとても早い時期に、乳児が自分自身を抱える様子の例を提示しています。光を凝視すること、音にじっと注意を向けつづけること、お気に入りのものを吸ったり触ったりすることなど、です。このようにしがみつくことで乳児が「抱えられている」という錯覚を作り出し、のちの発達においては、この防衛機制が、彼女が「付着同一化」と呼ぶ形をとるというのが彼女の見解です。これは、学ぶモデルという点で、特に関連があります。というのも「付着性」の防衛は、学ぶことが模倣だけに制限されている子どもにおいて確認できるからです。こういう子どもは絵や文字や物語で自由に表現するよりも、うんざりするような閉所恐怖的とも思えるやりかたで教師や仲間にしがみつき、正確な模倣や反復練習を好むことが多いのです。

トラウマ、剥奪、虐待

人生の初期にトラウマ（心的外傷）や剥奪や虐待が実際にあると、外的世界が内的発達にどのように関係するか非常にはっきりと見てとれることを、ヘイミッシュが前章で示しています。ヘイミッシュによれば、ジアナ・ウィリアムズは論文「二重の剥奪」（Williams, 1997）で卓越した貢献をし、そのなかで発達の機会（教育や治療）を活用する能力が、有害な対象が占める内的世界によって阻害されている様子を述べています。実際に外傷的な体験で苦しんでいる子どもや若者の発達を援助しようと努めている人々すべてにとって、これは非常に重要な考察です。

抱える器としての教師や学校

オーフォード（Orford, 1996）や、ザルツバーガー - ウィッテンバーグとヘンリーとオズボーン（Salzberger-Wittenberg, Henry & Osborne, 1983）らが提起したように、子どもが公教育に入ると、教師と学校は抱えてくれる「親」の役割を引き継ぐのです。学校が直面する課題は、創造力や学びの促進のためにいかにして不安の手綱をさばくかです。個人レベルにせよ学校全体のレベルにせよ、不安のレベルが制御可能であり、制御不能で失速したりはしないことを、学校はどうやって保証できるのでしょうか。言いかえれば、学校は、どのようにして上記のように抱えること（containment）を成し遂げるのでしょうか。

ザルツバーガー - ウィッテンバーグは、職業的な関係性において抱えることのプロセスについて有益な記述をしています（Salzberger-Wittenberg, 1970）。彼女はソーシャル・ワーカーとそのクライアントについて述べていますが、そのプロセスは、まさに教師と生徒にぴったり当てはまるのです。

> ケースワーカーはいついかなる時であっても、クライアントのもっとも差し迫った不安を拾いあげることはできないでしょう。クライアントにとって必要なのは、自分がどんなふうに感じているのかを理解しようとし、自分の言うことに耳を傾け、ひとつの人格として尊重しようとするケースワーカーの態度なのです。ケースワーカーがクライアントを本当に気遣い、クライアントの人格の大人の部分と子どもの部分に触れているのかどうか、ケースワーカーが情緒的な痛みに直面する勇気と誠実さを持ち合わせているかどうかは、ケースワーカーの言葉のみならず行動にも表れているでしょう。（p.163）

私の見解では、ここで鍵になるのは「情緒的痛みに直面する覚悟と誠実さを持ち合わせているかどうか」という部分にあります。ソーシャル・ワーカーまたは教師は、クライアントあるいは子どもの意識的コミュニケーションだけでなく、無意識的コミュニケーションにも心を開き、経験に意味を与える思慮深さを示せることが必要なのです。ビオンの定式化における器／中身関係では、赤ちゃんは自分の状態を投影によって母親に伝えています。もっとも懐疑的な人でさえ、言葉や身振り以外の方法で気持ちの状態が伝えられることに異論は唱えないでしょう。すべての教師は教室から出てきたとき、一人ひとりの生徒や親との対話を終えたとき、自分自身に心当たりのない、あるいはかつて抱いたことのない感情を持った経験があるでしょう。説明できない怒り、不安や苛立ち、退屈や疲労、あるいは大失態をした気持ちかもしれません。こうした感情は、生徒や親から教師に投影され、心地よい居場所を見出したのです。そのあと教師が、その感情をどう取り扱うかが、問題です。教師がそれについて考えることができ、ありのままの状態で認めることができれば、上に記述した意味で彼らは感情を抱えることのできる道半ばまできています。そのメカニズムに気づかなかったり、心や感情のスイッチを切った状態で観察し続けると、教師は圧倒され、考えることができず、有害な行動に出てしまうかもしれません。

これについて驚くべき事例が、月曜の朝、ある中学校で起こりました。教頭は役所からの電話を受けていたので、その朝の職員会議に遅刻しました。また校長が病気で休んでいたので教頭は不機嫌で、教職員への批判から会議を始めました。彼はその日が提出期限の試験結果について、きっとひどいものに違いないと言い、さらに教室のだらしなさ、駐車場の乱雑さ、職員室のコーヒーカップの不潔さに不満を示しました。教職員は反応せずに、これをすべて受け入れているように見えました。しかしベルが鳴ると、解放されたくて、全員が押し合うようにして出入り口へと急ぎました。一人の教師が、前方の廊下の壁にもたれている生徒のグループを見つけました。「おまえら、馬鹿者、こっちに来い！　私が話しているときは、ちゃんとまっすぐ立て！　おい！　お前のネクタイは、どうした！」つまり、抱えられない感情が、単純に不在の校長から教頭に、教頭から職員に、職員から生徒へと下って送られていったのです。おそらくは怒鳴られた少年たちは、その暴言を次に送るために自分より年下か、小さいか、弱い者を探しに行くことでしょう。

分裂――理想化と中傷

乳児が早期の良い体験を汚染から守るために、分裂を用いるさまは、前の章でヘイミッシュによって記述されており、私も上記の早期発達の描写で触れました。しかしそれは、のちの発達やライフサイクルのいたるところで繰り返される現象なのです。分裂が非常に具体的な形で、学校を舞台に生じることがあります。それは子どもがある教師を犠牲にして、別の教師を理想化するというものです。良いものはすべて好きな教師に注ぎ込まれ、悪いものはすべて嫌いな教師へと投影されます。もちろん、理想化された教師であることはとても心地よいことですし、中傷されることはとても嫌なことです。多くの場合、理想化されることは抗しがたいので、自分の優越性を信じてしまい、知らず知らずそれにはまってしまいます。しかしながら、それは通常居心地の悪い立場になります。というのは、そのような立場におかれた教師は、非現実的な期待が自分のうえに重圧としてのしかかりだし、過剰に持ち上げられた評価が失墜するのを恐れるようになるからです。この種の分裂は、エディプス期の幼児にせよ、荒れ狂う若者にせよ、両親が不仲な家族で起こっていることと同じようなことが起こっているのかもしれません。学校でしばしば求められるのは、家庭生活で求められていることとまさに同じで、大人が一致して子どもの助けとなり、「親」カップルのどちらの一方についても、より現実的なイメージを作り上げられるようにすることです。

学校では分裂が、教科の分野間、能力別グループ間、職員の年功序列に関して、そして管理上の役割などに関しても生じます。このことすべてが、教師の自分自身の見方に影響を与えますし、逆に教師自身が、自分の望まない情緒的体験のさまざまな側面を分裂・排除し、投影するかどうかに非常に大きな影響を及ぼします。この問題は、特に教師の査定と評価のプロセスに関連して問題になってくると思いますが、後の章でさらに詳しく吟味していきます。

不安への防衛

心の痛みに対して誰でも、自分を守る方法を持っています。すべての子どもは、なかでも特に他の子どもとは異なったしんどさを持つ子どもは、自分が愚かだとか未熟だと感じないことが保証されるような防衛機制を高度に発達させています。そのメカニズムのひとつは、悪い感情を分裂・排除し、誰か他人にそれを投影することです。たとえば、「あいつは本当に馬鹿だ」、「彼はおかしい」などというものです。分裂の別のバージョンは、子どもが愚かさのすべては自分にあり、能力の全部が他人のなかにあるとすることです。こういう子は、「自分は役立たず。自分のやってることはクズ。自分に時間を浪費すべきじゃない」と言い張るので、とても悩まされます。

子どもも大人も、不快な感情を避けるために躁的に振舞う者もあれば、引きこもりや「いない者として」振舞う者もいます。ある人々において心的あるいは情緒的痛みは、身体的症状、慢性的な病気や病気の反復、偶発的な事故にあう傾向などで顕在化するでしょう。青少年では非行に走ったり、飲酒や薬物での逃避に依存するかもしれません。

もっと幼い子どもでは、お漏らし、遺糞、泣虫、盗み、いじめとなるかもしれません。最もよくある防衛のひとつは、特に潜伏期の子どもですが、万能感による防衛です。そのような子どもはすべて何でも知っており、何でもできると感じているかのように振舞います。そのような子どもが、実際に宿題をしないとすれば、それが馬鹿げていて退屈で、簡単すぎるからなのです。このような子どもの多くにとって、「知らない」という経験は、とても危険で耐えがたいものなので、そんなことになりかねないことをするリスクは冒さないのです。こうした子どもは、十分に抱えられる体験をすることで、万能感を手放す危険を冒し、知らないということに耐え、他人（教師）のなかに知識が存在することを許容までは、本当の意味で学ぶことはできないのです。これが幼児期の早期や潜伏期で起きないと、教師はたぶん、一つの作業に集中するようやんわり言っただけで、挑発的になるような青少年と出くわすことになるでしょう。彼は、それが自分には簡単すぎると信じなければならないのです。彼はやってみて失敗するというリスクは冒せないのです。羨望が内的世界で支配的で強力だと、子どもは新しい知識やスキルを盗みとったという空想を持つかもしれませんし、それが見つかり仕返しをされるのを、とても恐れるかもしれません。

逆転移

自分に投影されたかもしれないものを認識し考えるプロセスは、臨床の仕事では「逆転移」として知られています。自分がどう感じているかに注意を払い、それが患者からの無意識的コミュニケーションであるかどうかを考えます。このためには自分自身の「情緒的お荷物」が何かを認識できるほど、自分をしっかりと理解していることが必要です。このように自分の反応を吟味する能力が、「精神分析的」に訓練された観察と、よく見て耳を傾け振り返っていく他の方法とを区別するのです（第七章）。生徒の情緒的経験だけでなく自分の情緒的経験について考える力は、教師が自分の教える子どもを理解しようと奮闘するうえで、とても重要な事柄です。教師に心配させ、挑戦する生徒の場合なおさらです。

転　移

逆転移に触れましたので、精神分析的思考の歴史上の先輩である転移について少し話すべきでしょう。これはフロイトが、最初に確認し名づけた現象です。彼は、患者が治療者である自分に対してさまざまな感情を持つようになる様子に衝撃を受けました。はじめ彼は、これをある種の炎症、治療上の弊害、患者の回復の障害として見ていました。その後、彼はそれが考慮すべき重要なことであると悟りだしました。患者たちは、自分の情緒の歴史を面接室に持ち込み、彼のことをまるで潜在的な恋人、献身的な父親、懲罰的なラビ（ユダヤ教の聖職者）、あるいは誰であれ患者独特の内的世界観にふさわしい人物として体験していることが、分かってきました。彼の生涯の晩年の仕事では、彼はこの理解を臨床実践に組み入れ、「転移のなかで」自分はどのように見られているか、いつも考えていました。教師は、自分が知る自分とは、まったく矛盾する扱いを受けることに、とても慣れています。公平にしたのに、ひどく不公平だと非難されることを知っています。自分ではゆったりとして辛抱強いという自信があっても、生徒には短気で不満げな人として体験されることがあります。

この現象が幼い子どもに顕著なのは、誰の目にも明らかです。最初に世話をしてくれた人から新しい大人の手に移るとき、大人よりはるかに表現力に乏しい子どもたちは、たいてい新しい人を「ママ」と呼ぶことから始めます。子どもが、言い間違えて教師を「ママ」と呼んだとしても、その子どもが未熟だというわけではありません。逆に子どもが安心できる良い親のイメージを抱いていて、そのとき自分が求め必要としているものを分かっているのです。年長の子どもは、すぐにこの種の言い間違いをしないようになりますが、親のイメージを教師に転移することは、学校生活を通して残り、それは遠足の際や試験が行われるといった特定のストレスや不安がある時に、とても重要な意味を持つようになります。

繁華街にたむろして学校をサボっていた生徒たちのあるグループは、野外宿泊研修に出かけたとき、教師を「ママ」や「パパ」と呼ぶと言い張りました。毎晩、彼らは『ウォールトン』（七人子どものいる理想化された家族が売り物のアメリカのテレビドラマ）のように、「両親」や子ども同士でおやすみを言う家族の儀式をしていました。「おやすみジム・ボブ、おやすみメアリー・エレン……おやすみママ、おやすみパパ、おやすみ、おじいちゃん。おやすみ、子どもたち、さあお眠り。おやすみ、みんな」。彼らはかなり皮肉っぽくやっていました。しかし自分が家からいかに遠く離れたと感じているか（ほとんどがロンドンから出たことがなかったのです）、頼れる大人として教師にどれだけ依存しているかを、こうすることで明白に表現していたのです。その週の終わりにロンドンに舞い戻って、家の近くに降ろされたとき、子どもを見捨てる親のように教師を扱いました。実際、彼らはそのように感じていたのでした。彼らは、毒づき、大きなオナラをし、含み笑いをし、溝につばを吐きながらマイクロバスから降りました。彼らは、休暇は「カス」だったと言い張り、戻れてよかったというのです。「家族」集団によって抱えられることの喪失に直面できず、大規模な分裂と投影によって、その喪失を否認しなくてはならなかったのです。教師は、「カス」みたいに感じながら、失敗や喪失の感覚を抱えて家に帰る人という立場におかれることになったのでした。

役割と境界

上述の痛みにみちた体験は、教師がどのように役割をこなし、どのような境界を適切なところで保つ必要があるかについて、答えることのできない多くの問いを提起しています。教師は、そのような遠出に子どもたちを連れていかないようにした方がよかったのでしょうか、またその集団を解散する前に、情緒的経験をもっとうまく消化できるような別の方法が取れたのではないでしょうか。私は後者の視点に目を向けたいと思います。教師の役割は校舎を越えて広げられないという考えは、失望をもたらすでしょう。また実際、その生徒のグループにとって休暇は、とても意義深い「治療的」経験だったのです。しかしもし教師が無意識的力動を自覚していたなら、分離のとき生じた攻撃にもっと備えていたでしょうし、生徒たちが違った方法で分離に対処できるように手助けできたでしょう。

後日この同じグループのうちの一人が、教室の空きスペースに新しい絨毯と快適な椅子を設置して、新たな空間を整えていた教師を非難しました。「やめろ！　そこを家みたいにするんじゃない！」と叫んで、生徒は教室を飛び出しました。彼はあとで戻ってきて、激昂がなかったかのように、新しい椅子へ身を沈めました。しかしそのメッセージは明瞭でした。彼は教師に分かってほしかったのです。学校はなんらかの養育体験を提供するかもしれないが、それは実際の家庭ではないということ、そして教師は「転移のなか」では親のような人物である一方で、教師という特定の役割を担い続けることがとても大切であるということを。

第三章　遊び、遊び感覚、学ぶこと

二十一世紀のヨーロッパの社会では、仕事とされるものと、遊びとされるものを明確に区別しています。なかには仕事を楽しんでいる幸運な人がいることも認められていますが、ほとんどの場合、仕事は、避けられない必要性だと言われています。遊びは、仕事を補うものであるとか、仕事の褒美と見なされています。学校は、当初からこの考えを推進しており、子どもたちは一生懸命に勉強し、お行儀よくすれば「ゴールデン・タイム」、つまり遊びの時間がもらえると奨励されています。お行儀が悪かったり、勉強が足らないと、遊び時間を減らされ勉強を増やされるといった罰を受けます。このシステムは、教育や学習に前向きな姿勢を促進しているとされています。しかしこれは、勉強は本当に嫌なものではないにしても、辛いものだという考えを強調しており、私たちはこのような構造をあまりにも安易に作っています。

そのような区分は、幼児の心には存在しません。赤ん坊やよちよち歩きの幼児にとって、遊びは勉強なのです。それは、自分自身の身の回りにどのようなものがあり、どのような人がいるのかについて知識を得る手段なのです。母親あるいは最初の養育者と幼児との相互作用は、遊び感覚によって特徴づけられています。母親が微笑んだり、くすぐったり、話しかけたりすると、赤ちゃんは喉をクックッと鳴らしたり微笑んで反応するようになります。母子のあいだでは、おもちゃを使う遊びや言葉の発達よりずっと早くから、二人だけの「遊び」や「冗談」（多くの場合、鼻や耳やお腹を触るようなものです）が、遊びの語彙として発達するのです。

学ぶことと遊ぶことが密接に関連しているさまは、以下に述べる次の観察からの抜粋が、明らかにしています。この時ティモシーは、生後十カ月でした。兄二人がテレビを観たり、リコーダーで遊んでいるあいだ、彼は床に座っていました。母親が入って来ると、兄たちは公園に行く許しをもらって、赤ちゃんの脇を大急ぎで駆けて行きました。赤ちゃんは置き去りにされ、がっかりしているようにみえました。母親はその様子に気づいて、こっちへおいで、と言いました。

ティモシーは、母親の膝によじ登ると、母親が彼を抱っこしようとそばに引き寄せたので、彼はニカッと笑いました。彼は身体をくねらせて、もう一度、床に下りました。彼は、兄が落としていった赤いプラスチックのリコーダーに手を伸ばしました。それを念入りに眺めて、さまざまな部分を口にいれてみてから、下へ落とすと、次に、プラスティックのガラガラやカード式の赤ちゃん用の本のほうに行きました。それを順番に取って細かく吟味したあと宙に放り上げると、腕で両脇を力強く叩きました。しばらく満足そうに遊んでいると、母親がぼんやりとリコーダーに触れているのに気づきました。赤ちゃんが自分を見ているのに気づいたので、母親はリコーダーを自分の口に持っていくと一つ音を出しました。ティモシーは喜んで微笑み、その楽器に手を伸ばしました。母親がリコーダーを与えると、彼は口に持っていき、両端と真ん中の丸い表面を探索していました。数分後、リコーダーははっきりとした音を出しました。ティモシーは驚いた様子で口から離し、顔をしわくちゃにしだしました。しかし母親の方を見ると、母親が彼の出した大きな音に大喜びしていたので、彼の顔は大きな笑顔へと変わりました。彼はマウスピースを口に戻して、演奏を繰り返しました。ほどなく頰を空気で膨らませるようになり、音がどんどん長く大きくなっていきました。母親は喜んで、彼を褒め、吹こうと思って吹いているのね、とコメントしました。彼は吹き方を覚えたのです。兄たちには、この年齢で同じことができなかっただろうと彼女は思いました。ティモシーは楽しんでいましたが、そのうちこの手柄がもはや賞賛の対象とならないことを悟ったようでした。彼は書棚の方へ行きました。本に手を伸ばして、そして少し動きをとめて肩越しに母親を振り返ります。そして一冊の本に指を一本だけのせて、挑発するようにニカッと笑いました。母親は「だめよ」と、かなりきっぱりと言いました。でも彼のニコニコ顔につられて、すぐに笑顔になります。母親は言いつけを繰り返し、彼は母親に微笑み続けていました。いまや書棚の最上段の本一帯に両手を広げていました。彼は母親の言いつけを無視して本を引きずり落としそうに見え、私も彼の観客の一人になったように感じていました。私はおかしさを隠すために、顔をそむけました。母親は彼が本当に「だめだ」と分かるように声の調子を整えました。それから母親は、別の遊びへと彼の気をそらしました。

この遊びの流れで、学ぶこととの結びつきが明らかになります。ティモシーは模倣と試行錯誤によってスキルを学んでいますが、孤立状態でやっているわけではありません。彼のしていることを母親はわかっており、必要なときには母親の関心を引くことができるのです。彼がリコーダーで音を鳴らしたときの母親の反応で、彼は確信しているのです。これは証明されています。兄たちがリコーダーを吹いている間、彼はじっと見つめていて、兄たちにできたことを自分もやりたいという願望に心が駆り立てられていたのです。受け取る賞賛がうれしく、それが支えとなって、できるようになるまで反復練習するのです。遊んでいて一人ぼっちだと感じだすと、母親の関心を引く別の方法を見つけます。そして本を引きずり落とすという脅しをめぐって、遊び感覚でいっぱいのやりとりがあります。結局、母親が規則を作る人であり、彼ができることはせいぜい挑発だということを受け入れ（学ぶ）なくてはならないのです。

同じ観察から次の二つの部分を引用して、象徴的遊びの発達、そして学ぶことにおける象徴的遊びの重要性についての見解を紹介しておきましょう。最初の抜粋は、リコーダーと出会う数週間前で、大体、生後九カ月くらいの観察からです。

生後三十六週のティモシー　母親は、スタンド・ジム（baby-gym frame）を彼の近くに引き寄せました。私は、彼がこのジムとともにたどった発達段階を見てきたので、それについて話しました。最初に、彼はジムの下に寝そべってジムをじっと見つめ、手をパタパタさせながらジムからぶら下がっているフィギュアにやっと届きました。母親はレンジから戻ってきて、彼を少しのあいだ見ています。いまや彼は座って、ぶら下がっている皮ひもの一つの端の鏡を覗き込んでいました。彼はぶら下がっているフィギュアを二つ摑んで口に持っていき、考え込むようにしてそれを噛んでいました。どちらか一つが手からすべり出ると、すこし怒ったような顔をしました。彼は、フィギュアをぶらぶらさせておいて、一番遠くのサルのフィギュアへ手を伸ばすと、ひっくり返してみてから、元の位置に戻しました。数分後、彼は仰向けに寝て、楽しそうにキャッキャッと笑いながらフィギュアめがけて足を蹴り上げ、それから寝返りを打って別のおもちゃに手を伸ばしました。

ここで健康な赤ん坊が、母親がいるという安心感のもとで遊んでいる様子が分かります。なれ親しんだ「お気に入り」のおもちゃが手の届くところにあり、彼はとても満足そうにみえます。このおもちゃ遊びでの彼の発達について観察者がコメントし、そのあと母親がすこし見にやって来ます。ティモシーが今やそのおもちゃの隣に座れることで、ティモシーとおもちゃは新たな関係にあり、彼には新たな機会が差し出されています。このとき彼が離乳のプロセスにあることが観察者には分かっており、その状況から、二つのおもちゃをつかみ口に持っていくことや、一つが拳から滑り落ちたときの彼の失望の象徴的意味を推測できています。約七カ月後、観察者にこの考えを再考する機会がありました。友達の赤ちゃんに貸してあったスタンド・ジムが、ちょうど戻ってきたところでした。

ティモシー（生後十七カ月）は、立った位置で上からおもちゃを吟味していました。彼は次々とちがうことをやりだしました。彼は車輪をまわし、吊り下がったおもちゃを揺らし、音の鳴る物をキーキー鳴らします。これを全部一度にやりました。彼は興奮してキャッキャと笑い、横の支柱のひとつに登ろうとしました。しかしフレーム全体が傾いたので驚いて、後ずさりしました。そのあと彼は、チューブのフレームをつかんで全体を床から持ち上げ、トロフィーのように抱えあげました。彼はおもちゃ箱の一つのほうに向くと、中の物を取り出し始めました。黄色のスポンジのボールと、前に彼のゆり椅子にかけてあったテディ・ベアをいくつか取り出しました。その後、中に鈴が入った透明のボールとネズミの尻尾のおもちゃを注意深く調べました。これらが彼の最初のおもちゃであり、スタンド・ジムの下で寝かされていたときに周囲におかれていたものだと、私には分かりました。彼はそれらを集めてフレームの下に積みました。彼がしていることに母親の注意を引きたいという気持ちに、私はあらがえませんでした。彼女は、彼はよその家で同じスタンド・ジムを何度も見ているから、たぶん偶然でしょうと言いました。しかし母親は、彼がどのおもちゃを選んだかを見てみると、スタンド・ジムの再登場が、初期のある種の記憶を刺激したに違いないことに同意しました。私たちが立って見ていると、彼は一番最近もらったトラックを引きずってきて、フレームの下のおもちゃの山に加えました。

彼は玄関口へ行き、スポンジ・ボールを持って戻ると、おもちゃの山からもスポンジボールを取り出しました。彼は椅子の座席に二つとも置き、椅子に登ろうとしました。一つが転げ落ちると拾い上げて、手にもって登ろうとしました。数回、自分と二つのボールを椅子のうえに乗せようとしましたが、うまくいかず、結局、椅子は倒れてしまいました。椅子を起こすと、遊びを変えて、ボールを一つずつ椅子の背もたれ越しに転がしました。「落ちる、落ちる」。彼は床に座り、二つのボールを膝のあいだにはさみました。

この観察で、今や、よちよち歩きのティモシーが古いおもちゃを思い出して、心のなかでそれを自分の過去の体験の様相とつなげることができている様子が分かります。彼の遊びが示しているのは、彼がおもちゃを上から見下ろし、同時にいくつものおもちゃを使えるという力があることを喜んでいるだけでなく、自分がもっと幼かった時にどんなふうだったかを再び訪れてみているという，すばらしい能力を彼がもっているということです。いまや「落ちる，落ちる」という言葉を発しながら二個のボールを使う彼の遊びは，ぶら下がった二つのおもちゃを使った彼の早期の遊びを思い出させます。そして今一度これが，彼の心のなかで乳房の喪失と関連していることを推測できます。

ティモシーは，人生の早期において遊びが極めて重要であること，そして遊ぶことと学ぶこと，世の中について知る行為と遊びとがつながっていることを生き生きと例証しています。さらに遊ぶことと学ぶことが，関係性のなかでどのように生じるかについても実証しています。彼は，天性の行動力と好奇心という点で，才能に恵まれた子どものように思えます。しかしこのような子どもの学びや発達に必要な器となり，発達へと向かう推進力を提供するのは，子どもと母親，そしてもちろん父親や兄弟との関係性なのです。

遊びや学ぶことの発達において親密な関係性が重要だということは，東アフリカの孤児院の幼児たちの観察で裏付けられています。ここには二十七人の子どもの集団が，とても剥奪された状況で共同生活しています。常駐の養育者一人，事務員一人と二人のパートのスタッフがいます。子どもの年齢は生後数週から十七歳までいます。以下の観察は，新任の教師のために，おもちゃや画材をもって行く巡回グループによってもたらされました。

私たちは，しばらくのあいだ，子どもたちが四台のがっしりした三輪車で遊ぶのを観察しました。彼らはでこぼこの地面を猛スピードでこぎました。数人で一台を使っているようでした。彼らは上手で驚くほど力強く，何かをコントロールする感覚をとても楽しんでいるように見えました。転倒したり互いに衝突したりすると，ちょっと止まって，顔をしわくちゃにさせはしても，大人からの慰めは求めないようでした。立ち上がり，再びスタートするだけでした。また驚かされたのは，彼らは叩かれても叩き返さず，三輪車が横取りされても，さほど文句を言わない様子だったことです。年上の少年たちは，三輪車の子どもたちの頭ごしにサッカーをしていましたが，三輪車の子たちはボールが頭に当たっても気に留めていないようでした。

少しあとで、私たちは子どもたちを集めて、みんなで遊べるおもちゃを持ってきたことを伝えました。私たちが、ブロックの袋を開けると、パーツの取り合いが起きて、たくさんの子たちがポケットやスカートのギャザーのなかへブロックを隠しました。子どもたちが戦利品をもって散らばったので、私たちは一瞬とまどいましたが、心配は無用でした。数分のうちに、みんな戻ってきて、それぞれが床に座って、パーツがどんなふうにくっつくのかに頭を悩ませていました。およそ三十分以上、彼らは、お互いに集まっていくつかのグループになり、ブロックを出し合っていました。ブロックで彼らができることには、驚くべき違いがありました。ほとんどの子どもは、部品を抱え込み、眺め、ときどき二つの部品をくっつけるか、色や大きさが似た部品を集めて山にするくらいのことしかできません。ぼんやりした顔つきの十一歳のドーンは、自分のブロックで塔を作りました。彼女はほとんどエネルギーを使わず、楽しそうな様子も見せませんでした。対照的に、友達のメアリーは、小さな人形をせっせとかき集めて、一列に並べました。まさに孤児院の食事の列を思わせる子どもの行列でした。そのあと彼女は、フェンスの部品と動物たちをつかむと、シャンバ（住宅付きの農園）を作りました。そしてとても悲しそうな表情で、長いあいだじっと見つめていました。幼い少年ダニエルは、鉄道線路の部品を集めて、長いあいだ、列車を前や後ろに走らせていました。クリスも旅行という想像に夢中でした。彼は運転手とお客を乗せたブロックの車をもって、私たちのレンタカーの上に乗せ、最初はボンネットにそって走らせ、次には飛行機のように私たちの車の上を飛ばせました。もっとも目を引いたのはジェームズで、彼はメアリーのによく似た農園を作ったのですが、それをひっくり返したフリスビーのなかに作り、三輪車の後ろに乗せると、完全なる勝利の顔つきで後ろを一瞥してペダルをこいで行きました。この男の子は、いつも黒いヘッドスカーフを持ち歩いていて、手放せませんでしたが、このとき三輪車で自分の農園を運びながら向こう側に去って行く際には、そのヘッドスカーフは頭に結ばれていました。

家庭での、または親との生活をいくらか体験した子どもと、そうでない子どもとでは、遊びのなかに際立った相違があることが、すぐに明らかになりました。ドーンとほかの多くの子どもたちは、生後まもなくから孤児院で過ごしていました。対照的に、ダニエルは三歳のときにやってきて、最近、彼を養子として迎える可能性のある親族と会いました。クリスとメアリーも途中入所で、エイズによる母親の死後に、孤児院の門に置いていかれたのでした。ジェームズの母親もエイズの犠牲者で、ジェームズがほんの赤ん坊だったときに死にましたが、彼がそんなにも愛着を持っているスカーフは彼女の形見の一種だということは、誰もが確信していました。

自分たちが作ったものを褒めてほしいと言い始めたのは、結局、こうした子どもたちでした。しばらくして彼らは、おもちゃに関心を失い、私たちに積極的な関心を示し、ゲームや質問をしたがり、英語を話す練習をしたがりました。これと対比して、その全人生を孤児院で過ごし、群衆の一部として生きることに費やされてきた子どもは、いかなる大人の注意や援助も得ようとはしませんでした。育児室を訪れたときに、私たちはこの状況がどうして起こるのか分かりました。一人の養育者が、年長の子どもたちの世話をするだけでなく、数人の赤ん坊の面倒も見なければなりませんでした。赤ん坊たちは清潔で、十分に栄養を与えられ、快適なベビーベッドに寝かされていました。しかし遊び心をもった一対一の形での注目は、ほとんど受けていませんでした。私たちはとても孤立していて、だらんとした様子の生後九カ月の赤ちゃんブライアンとコンタクトをとることにエネルギーを注ぎました。最初ブライアンは、私たちの声やためらいがちな接触にも反応しませんでした。約二十分間、たゆまず話しかけ、歌って、やさしく触れてやっていると、彼はアイコンタクトをとってきて、私たちが抱き上げてお座りの姿勢にしてやることを許容するようになりました。彼は私たちの動きを見ていました。そして年長の女の子たちの歌声に反応しました。彼女たちは、私たちがしていることを見ており、私たちが与えたガラガラと動物のぬいぐるみに興奮していたのです。彼女たちは、ほかの赤ちゃんのほうへ優しく近づいて行きました。ブライアンを置いていくのは、とても胸が痛みました。私たちが去ると、彼はすぐにマットの上にもとのように横たわってしまいました。

この観察で見ていることが、ヨーロッパの公教育とどのような関連があるのでしょうか。私たち自身の社会のなかでさえ、子どもたちが、とてもさまざまな遊びの経験をへて学校にあがることは明白です。保育所や幼稚園では、子どもたちには、たくさん遊ぶ機会が必要だと認識されています。しかし遊びが、発達上の学習のひとつの形であるという観点からではなく、子どもたちがまだ本物の重要な学習という正規の勉強の段階ではないという観点からこう述べられる場合があります。遊び方を知らなかったり、遊びを抑制または貧困なものにさせられている幼児たちは、その情緒的発達と創造的学習能力の両面から心配の種です。

遊びの抑制

次に教室や校庭で、遊びの抑制が出現する様子をいくつか概観していきます。

一人遊びのできない子

大人の手助けなしでは、ほんの少しのあいだも遊べない子どもがいます。彼らは、集中力を欠くと評されるかもしれません。しかし問題は、実際、彼らの最早期に養育者からの分離が促されなかったという問題なのです。こうした子どもたちは、理由はともかく、支えてくれる親対象を取り入れられなかったのです。外的世界との関与を手助けしてくれる実際の親、あるいはその代理を彼らは必要としているのです。一緒にいてくれる者がいなければ、彼らは受動的で目的のない状態へ陥っていくでしょう。

一人遊びしかしない子

決して他の子どもと遊ぼうとせず、大人の関心や同意を求めようとしない子どもたちがいます。彼らは、仲間に入れてもらっていないとか、人と違うということを気にかける様子もなく、ほかの子どもたちが遊んでいるのに我関せずといった様子で遊ぶでしょう。彼らはときどき「独立心が強い」あるいは「自己充足している」と、誤った見方をされます。しかしティモシーの観察で述べたような類の経験を持たない子どもと見なすほうが正確かもしれません。彼らは、遊び心を持って見守ってくれる大人がいるなかで遊び、うまくできた時に喜んでもらえるような機会がなかったのです。一人遊びは、自分がバラバラにならないように自分を抱擁し、不安を寄せつけないようにする必死の試みなのかもしれません。それが非常に強固なパターンであれば、自分がどんな不安を持っていてもそれに気づくことなく、子どもは自己充足した万能的空想にはまり込んでしまうことでしょう。

付着性の遊び

模倣は遊びの重要な要素です。しかし子どもの遊びが、まったくの模倣であるならば、それは心配の種です。「おままごとコーナー」で遊ぶ子どもは、料理、アイロンかけ、紅茶をカップにそそぐなどを喜んでするようになるかもしれません。そして、そのような遊びは、生き生きとして目的を持ったものに見えるでしょう。しかし注意深く観察すれば、自分の活動について心のなかで物語を展開させ、いろんな人になってみることを試している子どもがいる一方で、遊びになんの進展もなく、ほとんど楽しみもなく、同じことを繰り返しているだけの子どももいることが、明らかになるでしょう。後者の子どもたちは、ドール・ハウスの人形や家具をきちんと配列しても、その家や住人についての物語を展開させることは決してないでしょう。彼らは、自由画よりも模写を好み、文章創作で苦労するようになる子どもたちです。

付着性の遊びに特徴的な型は、テレビや映画や本のキャラクターへ過度に依存することです。ほとんどの子どもは、テリー・トビーズや機関車トーマスに熱狂し、スパイダーマンの衣装やハリー・ポッターの杖を手放せない時期を通り過ぎます。そのようなプロセスでは、子どもはその装備をすべて集めたくて、類似品は拒絶するでしょう。もしこの熱中状態が、入学や兄弟の誕生のような外的不安原因と同時に起こった場合、その状態はかなりの期間続くでしょう。しかし健康的な子どもは、必要に応じて自分自身になるときもあればキャラクターにもなることができ、最終的には新しいものに移行するでしょう。捨てられたキャラクターは、その時点ではときに「子どもじみている」ものとして放られることもありえますし、ティモシーのスタンド・ジムのように、幼き日の思い出の品として戸棚にしまいこまれるかもしれません。

こうしたキャラクターへの同一化が、心配の種になることがあります。子どもがキャラクターに完全に没頭し、それから心を転ずることができなかったり、自分自身であることを求められると高い不安がもたらされるような時です。象徴的思考が難しい子どもは、実際、自分がスパイダーマンかそれに代わるものであると信じているかもしれません。

行き詰まり何も生み出さないように思えるこうした同一化やゲームの繰り返しを見せられたとき、退屈に感じるのは健康な反応であり、親や教師はそうした健全な退屈さを少し示すなどして、手助けをしてやる必要が間々あります。子どもの好きなゲームや選んだキャラクターを報酬システムの一部として使ってしまうと、大人の側が、子どもが浸っている世界に媚びてしまうことになるという危険があります。子どもがスーパーマンのスーツを着てご満悦であれば、切り札としてこれを使わないことは難しいのです。しかしそうすると、それがもっとも魅力的でもっとも安全な選択肢であり、ほかの可能性は魅力がないか恐ろしいものだという考えを強化してしまいます。

具象的な遊び――象徴化の失敗

遊びの大部分が模倣である子どものなかには、象徴的な遊びがうまくできない子どもがいるようです。彼らは空想と現実を分ける能力の全部、または一部が機能しないのです。彼らは、現実とごっこ遊びをきちんと区別できません。心的外傷を受けた子どもは、しばしば、まさにこの種の混乱に苦しみます。一例としては、心理療法をうけている子どもですが、生後十日の時に髄膜炎で死にかけたことがあった、ある子どもを挙げることができます。その子どもは、心理療法の部屋の外の突然の音に恐れ凍りついたとき、遊びに集中し続けようとしていました。しかし急に動物の人形に、カーペット／草を食べさせようとしたり、まるで自分が人形と同じ大きさであるかのように、ドール・ハウスの内側を登ろうとしたりしました。一度は絵の梯子のうえに立とうとして、それが想像上の梯子だと教えている治療者の声が耳に入りませんでした。彼は、落ち着いていて自信があるときには、おもちゃと現実の動物や人間の違いを完全に区別していました。

また別の素材は、小学校の教室からのものです。クラスで協力して作った火山のモデルが実際には爆発しないことを、サポート・ティーチャー（訳注３）は繰り返しその生徒に言って安心させなければならなかったのです。彼は火山のまえで急に凍りついたのでした。彼女が説明していると、彼は押し殺した声で、溶岩が自分の住む団地まで来るかと先生に尋ねました。

パズルとコンピュータ・ゲーム

実際には現実と架空のものを混同はしないものの、空想世界には不信感を持ち、はっきりと現実の方を好む子どもたちはたくさんいます。フィクションより事実にもとづいた本を好み、ジグソー・パズルやコンピュータ・ゲームのような活動へと繰り出す子どもたちです。彼らは確実性が好きで、問題には正確な解決策があることを知ることで安心します。同じ手順を何度繰り返しても、いつも同じ結果に到達できることに安心するのです。

このグループに入る子どもたちは、公教育のほとんどの局面においてうまくこなし、普通は教師の悩みの種にはなりません。しかし彼らが遊びのより自由で創造的側面を拒絶することが、どの程度まで不確実性やおそらくは関係性の世界から防衛的に背を向けていることであるかは検討してみる価値があります。もし違う種類の活動に加わるよう

（訳注３）learning difficulties（学ぶことの困難）や learning disabilities（学習障害）を抱えた子どものアセスメント、学習補助、ケースワークを行う。教員資格が必要で二年以上の指導経験が問われる。

に要請されたときに、耐えられない不安がもたらされるならば、その子どもの発達全体について、さらなる探索が必要となってくるでしょう。

共有できない子

すべての保育園や一年生のクラスには、共有したり交替で物事をやった経験がない子どもが何人かいるものです。大部分の子どもにとっては、突然、自分が大勢のなかの一人であると実感するのは辛いことですが、なんとか対処できるもので、ほどなく学級の「規則」と折り合いをつけていきます。彼らは友情や共有の遊びのために新しい機会を見つけて、仲間の方へと向いていきます。一部の子どもにとっては、待つとか共有することを期待されている現実は、耐えがたいものなのです。すねたり嫌になったりしてそっぽを向く子もいます。大人の注目なり、おもちゃなり、特権なりを、少しでも多くもらおうとして競争する子もいます。後者のグループのなかには、ほかの子どもの気持ちをないがしろにするという点で、情け容赦ないように見える子どもがいます。彼らは自分が脅威と感じる子どもに対して、身体的な攻撃を加えるかもしれません。あるいは一番人気のおもちゃや順番で一番になるために、ずる賢く振舞うかもしれません。クラスの他の子どもたちは、嫌な「兄弟」と化すのです。つまりママとの特権的な関係から自分を追い出してしまった赤ちゃんに相当するのです。

どれだけ容易にこの葛藤を解決できるかは、家庭や学校で大人がどう取り組むかで大きく違うでしょう。また子ども自身の性質にも左右されるでしょう。ヘイミッシュ・カナムの最初の章（第一章）で述べているように、人を羨む気持ちや人を簡単に許さない部分が人より強いため、「人生の事実」と折合いをつけるときに、大きな手助けが必要な子どももいます。

象徴的遊び、再演、「取り組み続けること」

想像的で象徴的な遊びでは、アイディアが出現し、筋書きが発展します。それらはしばしば激情を含んでいます。怪物、血や毒のような衝撃的なイメージに加え、憎悪や暴力もあるかもしれません。子どもの遊びには、往々にしてパトカーや救急車、病院、死や子どもの誕生がつきものです。何が実際の体験に由来し、何が想像上の事柄かを探りだしたり、再演（訳注４）と象徴的な遊びとを区別することは難しい作業です。これは子どもが自分の身に起きたり、目にしたりしたことを実演しているのかどうかについて判断を下さなくてはならない場合、深刻な問題となります。子どもを保護する場合には、子どもの遊びから再演の形の証拠を探そうという強い衝動に駆られます。もし子どもが遊びのなかで正確に性交を真似れば、それは性的虐待が生じたか、少なくとも子どもが不適切な性的活動にさらされたと、通常は強い確信を持たされます。

確かに、子どもがとりわけ大人同士の暴力や性的な活動に関わる出来事をとても説得力のある方法で、再演することがあります。教師や大人たちは、家庭内に暴力があるのか、それとも子どもが昼メロを見ていたのか分からないままの場合もあるかもしれません。いずれにせよ、なぜ子どもが遊びのなかにそういう場面を組み込んでいるのか、なぜ子どもはそれを見せているのか、そしてその子にとって、そのことの意味は何なのかという疑問が残ります。あらゆる類の不安や葛藤が、遊びのなかで取り組み続けられます。エディプス的関心や分離、喪失、現実ないし想像上の兄弟との葛藤についての思いが演じられ、そのプロセスで恐れの気持ちが軽減されていきます。子どもは、母親、父親、赤ん坊、警官、医者、スーパーヒーローなどいろいろな役を演じながら、あらゆる同一化を試します。ほとんど

（訳注４）再演（re-enactment）は、実際に子どもが経験したことを遊びなどの場面で再現することを指す。これと対比して、象徴的な遊びは、子どもが実際に経験したことの再現ではなく、子ども自身が空想していること、すなわち子どもの内的世界を表現したものである。

の子どもは、自分が遊んでいるだけであること、そして遊びで演じられるドラマへの情緒的関わりをコントロールできることをはっきりと気づいています。その感情があまりにも激しいとか、その感情から救出される必要があると子どもが確信した場合だけ、親や保育所の保母、教師のところに戻り、現実の世界がどういうものだったか再確認する必要があるのです。この意味で、遊びは、経験の意識と無意識の領域の架け橋、発達途上の子どもの内的世界と外的世界の架け橋の役をつとめているのです。

まとめ

教師には、遊びを育み、学習に対して遊び心をもったアプローチを推し進めるという大きな役割があります。公教育の初期の段階で、勉強が楽しいものとして確立できれば、後年二つの活動が大きく二極化する可能性は少ないでしょう。

子どもの遊びは、とても誤解を招きやすいものです。何が行われているのかについて、何らかの理解に達するための鍵は、第七章で述べられているような類の観察のなかにあります。さまざまな状況において、時間をかけて子どもの遊びを観察し、遊びの内容と観察者が受ける衝撃とを吟味することで、子どもの内的世界の経験について、何がしかの結論にたどり着くことが可能となるでしょう。私の見解では、この種の観察は、個別教育的介入や治療的介入だけでなく、教室での実践にも新しい風を吹き込むはずです。

第四章　潜 伏 期

ヘイミッシュ・カナム

この時期の子どもの発達について、一般的に概観することからはじめたいと思います。これから述べることは部分的に、いわゆる潜伏期とよばれる五歳から十二歳の子どもに起こる事柄についての精神分析理論に基づいています。年齢を厳密に分けることはできませんが、この時期を三つの段階に分けたいと思います。まず五歳から七歳の子ども、次に中間の年齢層の七歳、八歳、九歳、そして最後に思春期・青年期に近づく潜伏期の年長児たちです。

ひとつの発達段階として潜伏期の意味をすこし詳しく見ていく前に、典型的な潜伏期の子どもの姿を描写することが役立つでしょう。すぐ思いつくのは、次のようなイメージです。

私のイメージでは、彼らは、学校の制服を着ていて、比較的品がよくて礼儀正しく、外遊びをしています。男の子はサッカーなど、女の子は縄跳びなどをやり、ボールの壁打ちや手をたたくゲームをし、クラブや秘密結社を作り、ヨーヨーや栃の実遊びや石蹴り遊びのようなものに興じ、切手やビー玉の収集と交換もよくやります。彼らは「ボーイ・スカウト」や「ガール・スカウト」に行き、バッジをもらうことが大きなプライドになっています。

ここにあげたものは、主観的なもので、明らかに特定の時代と場所に、やや限定されています。人それぞれ自分の子ども時代の記憶、あるいはその後の人生で知るようになる子どもによって、ちがう見方を持っているかもしれません。しかし、私が挙げた子どもの描写を仮に最新版にしても、それほど大差はないでしょう。サッカーとか、縄跳びや鬼ごっこのように、昔からの外遊びはたぶん今でもあるでしょう。コレクションは、ポケモン・カード、ハリー・ポッターのバッジかサッカーのステッカーかもしれませんが、大半が昔と同じように、売り買いされたり交換されているでしょう。

こうしたコレクションの傾向が、新しい映画やテレビのシリーズ物から出されるおびただしい数の商品の商業効果だということはよく分かっています。キャラクター関連の文房具、おもちゃ、服が大々的に宣伝され、売店やスーパーで売られています。コマーシャルの圧力が実際に、子どもの体験の性質を変えたり、潜伏期の方向性や思春期への移行時期に影響するかどうかは議論の分かれるところです。

潜伏期概論

子どもの人生において潜伏期は、すこし荒れる二つの時期——先立つ幼児期と手招きしている思春期——のあいだでサンドイッチされているような時です。情緒的には、比較的静かであるという特徴を持つ発達段階なのです。この時期が潜伏期と呼ばれるのは、平穏を特徴としているからです。『性欲論三篇』（Freud, 1905b）のなかでフロイトはこの時期について「通常はセクシュアリティが成長しない」時期であると述べています。さまざまな本能（性本能だけでなく、攻撃的本能も）が抑圧され、防衛が組織化される時期で、それが子どもにある程度の安定をもたらします。興味深いことに、この時期における抑圧の力はかくも強いので、多くの人にとって、後の人生でこの数年を詳しく思い出すのが難しいのです。

メラニー・クラインは、フロイトの潜伏期の考えを発展させました。彼女の考えでは、潜伏期が外見上安定しているのは、子どものセクシュアリティや本能が、抑圧されているからではなくて、カウボーイやインディアン、ヒーローや悪者ごっこなど、遊びのなかで分裂・排除されたり、コレクションや、そのリスト作りといった強迫的活動のなかでしっかりとコントロールされているからなのです。クライン夫人によれば、潜伏期にはこうした方法で内的葛藤が外的世界で演じられるのです。エネルギーは、以前には母親の身体や両親の性生活で起きていることへの好奇心に費やされていましたが、それが外的世界への好奇心へと向けられます。エリック・エリクソン（Erikson, 1950）は潜伏期を、子どもが学習と知識の蓄積に落ち着く「勤勉の段階」と呼びました。潜伏期の子どもは、サッカーチームや恐竜など一つのテーマについて百科事典のような知識を持っています。もちろんこの防衛状態それ自体に利点がありますす。家族内での適応を可能にするだけでなく、学校でも落ち着いて学習することを可能にするのです。ほかの領域が成長できるために、いくつかの領域の発達が一時的に休止状態になることが必要だとみることもできます。しかし欠点としては、情緒性や創造性が締め付けられるということがあるでしょう。

家族と社会のあいだにあるスペースが、この年齢ではきわめて重要です。ですから家族との分離と再会という主題が、児童文学のまさに中心的なものなのです。この問題全般についてマーガレット・ラスティンとマイケル・ラスティンが、『愛と喪失の物語』（Rustin & Rustin, 1987）という本で、子ども向けのストーリーを研究しています。C・S・ルイスの本には、ナルニアという、どこでもないはざまにある国が出てきます。また子どもの無数の冒険物語が、大人のいない寄宿舎や休暇中に起こります。たとえばアーサー・ランサムの『ツバメ号とアマゾン号』という小説は、通常の勉強や規則がほとんどない長期の夏休みの世界を生き生きと描いています。ごく最近では、映画『ホーム・アローン』が、大人の保護や介入なしで、子ども自身が自分を守る能力をよく表現していました。

潜伏期の子どもは、小さな集団で動き回る傾向があって、彼らにとって問題となることは、とてもはっきりしています。彼らは、性別や年齢、住んでいる地域や特定の趣味や活動をもとに、仲間やグループにすばやく分かれていきます。こうして、善悪についての難しい問題はコントロールされ、痛みに満ちた感情は他者、つまり「やつら」のなかに投げ入れて、処理されるのです。

五歳から十二歳の子どもの集団療法のグループを描写して、以上のことを例証していきたいと思います。この素材は、集団形成という特殊な傾向が、いとも簡単にいじめへと流されてしまう様子を描いています。グループには六人の子どもがいました。これは私のセッション記録からの引用です。

他の子どもは、流しで遊んでいます。和気あいあいとやっているところへ、ヴィッキーが入れてもらおうとやって来ます。学校で仲間はずれにされているサンドラが、「向こうへ行って！　ヴィッキー」と意地悪を言います。私と共同治療者はその遊びをとめ、「君たちは仲良く遊んでいるようにみえるけど、誰かほかの子が仲間はずれになっていればそれで良いみたいな感じだね」と言いました。彼らは私たちの言ったことを聞くのが難しいようでした。ジョージは蛇口をひねって、檻のワニにお湯をザバーとかけます。私たちは彼にこう言います。このワニに対する仕打ちは、私たちが言っていることとよく似ている。つまり誰かが邪険に扱われているということだね、と。

このグループのなかで起こっていることは、潜伏期の子どもにとって彼らが葛藤を外在化し探索できる手段として、遊びが重要だということも表わしています。遊びによって子どもは、自分自身と他者の両方のさまざまな側面を探索できます。ジョージは、蛇口をひねってお湯を出したときは迫害者であるというのはどういうことかを探索していると言えましたし、同時にワニへの同一化を通して迫害を受ける側であるというのはどういうことかを探索していると言えるでしょう。象徴的な遊びを通した、ジョージの探索は、サンドラとヴィッキーのあいだのやり取りとはまったく違う方法で、彼の体験を消化し心のなかで抱えるようにしているのです。

表面上の見た目の静けさとは裏腹に、潜伏期の子どもは不安を寄せつけないように苦心しています。彼らが抱く原始的な恐怖心は、しばしば怪物やドラゴン、魔女や意地悪な継母への没頭という形で現れます。夜間の恐怖心としては、ベッドの下やカーテンの後ろに何かがいるとか、窓から何かが侵入してくると言ったものを挙げることができます。健康な潜伏期の子どもは、昼間は同類の集団という安全のなかで世界を探索するスペースを持っていて、楽々と学んでいくでしょう。しかしそれは、事実や算数、スキルの習得に焦点を当てた類の学びとなるでしょう。幼児期や思春期の学習は、山あり谷ありのうえ、もっと多くの不安を伴う、はるかに不安定なものです。

早期潜伏期

どうやったら、五歳くらいの子どもを少しのあいだ落ち着かせておけるでしょうか。赤ちゃんやヨチヨチ歩きの幼児は、両親について知る時期を経験しました。小さな子どもにとって、母親や父親がどのような人かというイメージは、大きく揺れ動き、現実に両親がどんな人であるかだけでなく、赤ちゃんやヨチヨチ歩きの幼児の内的状態に大いに左右されます。おおよそ五歳まで子どもは、自分の内的な両親イメージと現実とが一致するという体験をしっかりとする必要があります。そしてできれば、できるだけ安定した形での両親の心的表象——いわゆる良い内的両親や親対象——を自分の内部に持つことが望まれます。

子どもの内的世界のなかで起こっている発達とともに、子どもの外的生活において、その子ども自身が対処法を見つけなくてはならないようなことが起きます。五歳で、この国の子どもは学校へ行くのです。母親の独占的、あるいはほぼ独占的な関心を失うことが、もっと幼い年齢で、あるいは長時間にわたって生じているかもしれません。しかし五歳で、はっきりと区切る点があるのです。母親や家族との関わりの重要性が弱まり、焦点は学校つまり教師や同級生の集団へと移るのです。家族関係は子どもの安心感の中心であり続けますが、彼らは家からさらに離れて探索し始めます。こうして早期幼児期の万能的空想に対して、自立の感覚、現実的な力を持つ感覚が始まります。

だから誕生日はしばしば悲しみの入り混じったものになるのです。それは単なる来るべき日々への祝福でも、ここまで到達したことへの祝福でもありません。通り過ぎた過去を悼むときなのです。

四歳の私の患者は、ちょうど五歳の誕生日を迎えつつありました。セッションで、彼は自分の教室にいるまねをします。最初に、彼は教師のまねをします。次に、彼はクラスメートと競争しているふりをします。彼はやや心配そうに見えます。そこで私は、「君は取り残されるのを怖がっているんだね。君は競争で他の子たちに負けるのを恐れているんだね」と言います。少年は、「うん、そうだよ」と言い、続けて「あと少しで誕生日が来るんだ」と私に話します。「君が心配しているのは、大きくなって五歳の男の子になることじゃないかな」と私が言います。ここで、彼は部屋の真中にあるテーブルの上にどすんと座りこんで、「サッカーはどうやるんですか?」と訊きます。この小さな少年は、五歳になることは「大きな男の子の遊び」のルールを知ることだと思い、そんなことはまだとてもできないと感じていました。

学校へ行くことは、家族生活とはちがった規則を子ども全員に突きつけます。学校で彼らが期待されているのは、サッカーのルールを知っていることではなくて、ほかの子どもと協力することや自分のことは自分ですることなのです。家と学校の違いのなかで、最もよく分かるのは、おそらく食事時間です。食事やトイレをするときの母子の親密さは、五歳では、まだとても強力です。初めて学校へ行く子どもたちが、給食を食べることに違和感を覚えたり、トイレに行けないのは、よくあることです。今までと違う食べ物、それがとても人間味のない方法で出されることに慣れなくてはならないのです。

学校へ行くことは、子どもが二つの世界を統合しなければならないことも意味します。

これは往々にして、とても大変なことです。教師はしばしば誤って「ママ」と呼ばれます。また五歳の子は、教師に対して強い愛情を抱き、家と学校のあいだで忠誠心が分裂されるのを感じます。それは両親にとっても大変な時期です。子どもの生活の主要人物であることに慣れていたのに、子どもの台詞がすべて「私の先生」で始まるようになるので当惑します。ほとんどの五歳児は友情を重視し始めますが、多くの子どもにとって教師は当分は子どもの関心の中心であり続けます。五歳では、男の子も女の子もまだ一緒に遊びます。彼らにはまだ交渉（かけ引き）に必要なスキル（わざ）がありません。そのためたくさんの喧嘩や仲直りがあり、些細な理由で親友が最悪の敵にもなります。

五歳児は成長や関係性といったものに没頭しているので、それを反映して、この時期子どもの遊びは「母親と父親」や「学校」に関するものになる傾向があります。同時に、同年齢集団を発見することが始まります。そして帰宅すると、家族からの分離の兆しを示す言葉や表現を発します。たとえば六歳の少女は急に、くだらない、うんざりといった無関心な様子で、母親からの頼みごとすべてに「わかってるわよ」と応じるようになるのです。

この初期の潜伏期には、読み書きを学びだすという特徴もありますが、五～六歳と七歳の子どもは、やや具象的な方法で考える傾向がまだあります。たとえばこの年齢の子どもが店で母親からはぐれると、母親が本当に消えたと信じて、完全なパニックに陥ることがあります。これは内的母親対象が、まだしっかりと発達していないからです。もちろん多くの子どもは、毛布やテディー・ベアのように親と家族を思い起こさせる具象的なものに依存しています。初期の潜伏期の子どもは、しばしば親は何でも知っていて、とてもかなわないと感じています。思春期やヨチヨチ歩きの幼児とちがって、潜伏期では両親に挑戦する傾向はありません。なぜなら、彼らは「完璧な」両親を持っていることに伴う安心をいま現在求めているからです。これが幼児期から学童期への過渡期なのです。

中期潜伏期

潜伏期の中期では、子どもは比較的安全な小学校幼児部[訳注5]（一年と二年）（Infant school）を離れ、上級小学校[訳注6]

（Junior school）へ移ります。これは子ども時代の「ブルーピーター」（訳注7）期とも言えますが、子どもがコレクションを集め、ステッカーとトイレのロールで工作する時期です。彼らは特定の目的に情熱を燃やしますが、それが動物愛護に関係する場合がよくあります。独自の規則や儀式があるクラブや団体に参加します。決まった日課や規則正しい生活は、潜伏期の中期にはとても重要な要素です。幼い子どもはカップルとしての両親や彼らのやっていることに、とても興味を持っているように見えますが、この年齢の子どもは、性や性的関心を心の後ろに押しやっているようです。たとえば遊び場で話がセックスに及ぶとすれば、それは卑しい下品な言い方であり、決してセックスを愛や生殖の営みに関連付けて考えようとしているのではありません。

前述したグループの子どもが、両親の性的活動について潜伏期中期らしい見方の一面を見せてくれます。

リンダとサンドラは、海賊（リンダ）とその愛人（サンドラ）の衣装を着ています。リンダはサンドラに「ベッドへ来い」と言って、彼女の胸を突きながら「お前のおっぱいはどこだ？」と問いただします。サンドラは、おもちゃの家のまねごとのベッドへ恥ずかしがりながら導かれます、しかし二人が横になると、彼女はリンダに「ねえ、入れ歯を外さないの？」と言います。

これは、両親を「もう年である」とみなし、両親の性的活動をやや下品にパロディにしたものです。

この年齢集団について、以前の発見が強化される時として見ることができます。もっとも重要な発見の一つは、自分は誰かです。自分の人格のさまざまな側面すべてを探索（思春期に起こる）できるようになる前に、子どもは、しっかり自分のアイデンティティに根ざしているという感覚をもつ必要があります。この潜伏期中期に、男の子と女の子が離れていく傾向があるのは恐らくこうした理由からでしょう。彼らは、自分たちの性別を脅かされたくはないのです。子どもは男子とか女子として安心感を得て、はじめて別の人間だったらどうだろうと考えられるのです。この発達時期に、子どもは概して、男女別の役割モデルになりたいと考えます。男の子なら、兵士やサッカー選手、警察官、女の子なら、看護師やモデルになることを考えるでしょう。女性警察官や男性モデルがいることを皆が知っているにもかかわらず、この固定観念的な考えを誰も疑問に感じません。

学校は、子どもがいつも同じという安心感を見出せる場所なのです。しかしそこは、違いが現われ始める場所でもあるのです。何らかの困難を持つ子どもが、教師の注意の対象となります。こうした子どもにおいては、健常なパターンの発達が歪んでしまっていたり、健全な防衛能力が確立されていないことがありますが、そうするとこうした子どもにとって平穏な時期はなく、人生はますます波乱に富むものとなります。

潜伏期の子どもには、必ず攻撃性がともないます。しかし大抵は、競争のゲームやスポーツのなかに外在化されています。ゲームは家族関係から競争心を排除しておく一方法のようです。ボード・ゲームで勝つことやスポーツ・チームのレギュラーに選ばれること、ゴールド・スター賞（善行や成績優秀な生徒に送られる紙の金色の星形賞）やステッカーを貯めることが、もっとも重要なことになるのです。潜伏期中期は、子どもが膨大なコレクションを集めるときでもあります。もし友達がみんな同じものを集めていれば、彼らは堅い一つの単位へと結束し、そこでは誰が何を持っているかというライバル意識が安全に発揮されます。子どもは、比べあい、交渉し、取替えっこすることを学べます。自分の所有物か、専門知識の蓄積のいずれかのおかげで、豊かな気分になれるのです。

（訳注５）五〜七（ときに八歳）歳の子どもが通う小学校。
（訳注６）七〜十一歳の子どもが通う小学校。
（訳注７）ＢＢＣの小・中学生向けＴＶ番組。トイレのロールなどを使った工作が名物。

後期潜伏期

十歳か十一歳、あるいは十二歳に近づくとともに、子どもは潜伏期の終わりと思春期の始まりに直面します。後期潜伏期は再びある種の中間段階であり、もはや子ども時代の真ん中にはしっかり根づいていないものの、まだ思春期でもないのです。この時期は、まったく予測ができない段階です。いくつになれば、思春期が子どもを青年へと駆り立てるのかは、子どもによって異なるからです。男の子と女の子のあいだには身体的成熟において、大きな差もあり、少なくとも一歳から二歳くらい男の子が遅れているでしょう。思春期の境い目にある子どもが直面しているジレンマについて、身体的に成熟しはじめた十二歳の、ある女の子の患者が、私に明らかにしてくれました。ある水準では、彼女は、ティーン・エイジ人生の始まりをとても楽しんでいたのに、別の水準では本当にとても恐れていました。彼女は自分を天使の姿にして絵を描きましたが、その絵は上半身だけでした。彼女は必死になって潜伏期にとどまろうとし、自分の性的成熟を否認しようとしていると私は思いました。男の子にとって思春期は、身体的変化がまだ少なく、また比較的後に訪れるので、女の子よりも楽な傾向があります。実際、男の子は早く思春期の発達が起きても、仲間のなかでの優位な立場を楽しむようです。

家庭では、子どもは親から離れたがり、いささか親をうっとうしく思うことさえある年齢です。彼らは、大人の指導やしつけを受け入れたがらなくなるでしょう。何を着て、何を食べ、いつ就寝し、起きるかを自分で決めたがります。両親や教師をはじめとして、この年齢の子どもと関わる大人にとっての問題は、いかにして自立を促しつつ安定した生活の枠組みを提供し続けるかです。

この年齢の大人との関係性は、性の目覚めとともに複雑になっていきます。男の子は母親から遠ざかりたいと思うでしょう。彼らが立派で男らしいと思いたい時に、母親と距離が近すぎると、彼らは自分を未熟に感じるでしょう。

男の子は大きくなってお父さんのようになりたいと思うと同時に、父親が扱いかねるようなライバル心も持つようです。後期潜伏期の女の子は、母親に同一化したがり、母親の「妹」か「親友」になれると想像して、急に母親の仲間の集まりの周辺でウロウロするようになるかもしれません。女の子は自分が女性として、新たにどう見られるのかを父親や他の大人の男性の反応で確かめようとします。これは男性教師にとっては厄介な場合もあり、この新しい展開に備えのできていない父親にとっても同じでしょう。

発達が健康的な道筋で進んでいるならば、学校で顕著にみられることは、子どもの考え方が変わりだすことです。それは現実の問題についてのやや具象的な見方から、抽象的な考えの領域へと移行するのです。子どもは、さまざまな問題について意見を持ち、自分の頭を使って議論を展開させ始めます。彼らは本当の理由も分からずに、自然や詩や芸術に感動させられるかもしれません。彼らの利他主義的な関心の焦点は、動物の世界から、貧困や戦争、不正などの人間の問題へと移っていくようです。

潜伏期の失敗

学校には、潜伏期の心の状態に到達しない子どもが数多くいます。実生活の経験が大変で、無視のできないやり方で周りの大人の注意を引く子どもたちです。こうした劣悪な経験は子どもをそっとしておかず、子どもの生活のあらゆる局面に容赦なく、押し入ってきます。こうした子どもたちは、あまりにも辛くて未消化な感情を背負っているので、授業に集中したり、宿題をしたり、友情をかわすなどのために必要な心の状態に到達できていないのです。ご存じのとおり、じっと静かに座って聞くことさえできず、心安らかに眠りにつくこともできない子どもたちがいるのです。

事例

八歳の少年ピーターは、ひときわひどい状況のもとで両親が結婚生活を解消したあと、クリニックに紹介されてきました。彼は、両親の言い争いをたくさん目にしていました。また彼は父親の浮気に気づいていました。父親は結局、家を出ていきました。結婚の解消以前は、ピーターは学校でも家でも品行方正でした。しかし急にひどく乱暴になり、ナイフで母親を刺すと脅しました。母親を殺してやりたいと言うのです。また彼は、窓から飛び降りると脅しました。

心理療法の初めに、彼は、火山が噴火している絵や機関砲（cannon）が火を吹いている絵をたくさん描きました。両親の夫婦関係の問題で、彼の平穏な潜伏期がどう爆発させられたかを火山が表わしていると、私には思えました。両親の出来事で彼は怒りに満ちており、その怒りを爆発させずにいられないのです。また彼はもはや大人を信頼して身を託すことができないので、自分の世界の中核が揺さぶられていると感じているのだと、私は思いました。彼の絵で、私は機関砲によって表わされていました。私は、助けになるカナム先生ではなく、「カノン（機関砲）」先生なのでした。つまり、いつなんどき彼の上に砲弾を落とすかもしれない人か、あるいは彼を、まだ準備が整っていない世界に撃ち出す人なのでした。彼の発達はうまく進んでいませんでした。友達がおおむね落ち着いているときに、彼の心は不安定でした。そしてこれが彼の友人関係に、あらゆる種類の問題をもたらしたのです。

悲しいことに、私たちが心理療法の仕事で出会う子どもの多くは、子ども時代のこの時期に平穏を恐らく経験していません。ピーターの体験した家庭の崩壊は、珍しいことでも何でもありません。私は、潜伏期の子どもの発達をじゃまし、損傷を与えるような外的世界の出来事の長いリストを作り上げることもできます。そのリストの上位には、身体的虐待や性的虐待、ネグレクト、心的外傷や混乱の体験が必ずあります。こうした極端な経験があると、平穏な時期はもたらされないのです。多くの子どもは、私が述べたような感情や不安を整理する時期を経ずに、乳児期から直線的に思春期らしきものへ、そして成人期へさえ駆り立てられていきます。ひどい心的外傷のある子どもたちに、学校は予測可能な日課と一貫した大人の配慮で、潜伏期の経験をさせるのに多少は役立つ安全な場所として、重大な役割を果たすことができます。

私は、子どもたちがテレビなどを通じて暴力やセックスの侵入にあまりに早くさらされないようにして、子どもたちに必要な比較的平穏な時期を守ってあげる必要があると主張したいと思います。「アダルト」な問題が潜伏期の子どもの世界に割り込んでくると、子どもたちが、この種のことを自分の意識に直接入り込まないようにするために必要な防衛手段を用いることが、不可能ではないにせよ、難しくなります。商業主義の世界が、メディアと共謀して、容姿や「若者」のファッションや人気アイドルなどの好ましさを強調しながら、活発に潜伏期の子どもを思春期へと推し進めている事実は議論されるべきでしょう。

潜伏期の心の状態

ジュディス・エドワーズ（Edwards, 1999）は、潜伏期は達成されるような発達段階ではなく、発達上必要な児童期のある特徴であり、ライフ・サイクルを通して私たちが時々舞い戻るような、ある心の状態であると述べています。潜伏期の心の状態は、私たちが時々立ち返る必要のある場所なのです。アン・アルバレズ（Alvarez, 1989）は、これを「自分自身の思考とある種の対象関係」を発達させることのできる状態として記述しています。思考や課題、教科に専念することは、注意の集中に加え他の思考や感情を無視する能力も必要なのです。それゆえアルバレズは、潜伏期にこれほど特徴的である分裂は、発達上の重要な機能であり、単なる防衛ではなく生涯を通して私たちの心が持つレパートリーの一つであり続けると強調しています。

第五章　青　年　期

次の引用は、ミーラ・サイアルの自伝小説『アニータと私』（Syal, 1996）からで、彼女は一九五〇年代における早期青年期の特徴の一部を記述しています。十歳のミーナは、インドからの移民の第一世代の娘で、反抗的で多くの悩みを抱えています。彼女にはアニータというアイドルのように崇拝している女の子の友達がいて、彼女の後をついてまわっています。アニータは、何でも思ったことを口にする世間慣れした女の子でした。

その小説のはじめに「私は彼女の数歩後ろについていることが幸せでした。彼女の仲間であるという特権を与えられていることが分かっていたからです」とミーナは述べます。やがて彼女は数々の反社会的な軽い非行に加わって、アニータの注意を引きました。ミーナは当時の生活を次のように記述しています。

私たちは特別なことは、何もしませんでした。慎重に賢ぶって退屈そうな表情をよそおって公園をぶらつき、大人を軽蔑しながら、豚小屋の廃屋（彼女の潜伏期の時代の秘密の遊び場）を探検して、シミーを踊りながら、つまらなそうな顔でオーメロッドさんの店まで行きました。自分たちが、トーリントン地区には立派すぎるし洗練されすぎていることを常に意識し、ほかの人たちもそれを分かっていることを確かめていたのです。（p.133-134）

アニータと私は、『ジャッキー』の最新号に目を通し、「彼があなたのことを好きかどうか、どうやって分かる？」というクイズをお互いにしたり、十八歳になって二人でロンドンにアパートを買ったら、洋服や内装をどうしようかとか話しあったり……。

私たちが話したというのは、アニータが話し、私がふさわしい感激の意を示す声を上げながら聞いていたということです。しかし私は、無理して賞賛する必要はありませんでした。アニータが他の誰とも違うやり方で、私を笑わせてくれたので、すべての毛穴から賞賛が流れ出したのです。私が心でしばしば思ってはいても、優等生の分厚いコートのなかにジッパーで封印していた、あらゆるひどい事柄を彼女は口にしたのです。彼女の思い上がった言動は、私にとっては真夏の輝きでした……。私は酸素を求めてあえぎ、次なる啓示を待っていたのです。それらの啓示の一つ一つによって私の小さな世界は根底から少しずつ傾き、私は馴染んだ平凡な事柄を新しい皮肉な目、アニータの目を通して見るようになったのです。(p.138)

母親が妊娠したせいで、ミーナは早期青年期（むしろ擬似青年期）へと突然、放り込まれていました。十年間一人っ子として、ミーナは両親の性的関係を認識することを避けてきました。スニルが生まれたことで、両親の性交の成果について考えること、母親と授乳関係にある弟が母親と密接な関係にあることを間近に目にすることが、我慢できなくなりました。彼女は同じころ父親に背を向けたので、父親は傷ついていました。(「ちゃんとパパと話してるわ。でも私には友達がいて、すごく忙しいの。」) そして彼女は、インド人の友人、パンジャブの言葉や衣装や食事や文化を公然と拒絶するようになりました。彼女の両親はインド出身でも、彼女は英国人なのでした。

青年期に典型的ですが、分裂は極端で、彼女は英国的なものをすべて取捨選択することもなく取り入れました。自分がもっとも刺激的なグループと見なしたものに属したいという願望だけが重要となりました。(「意地悪く見えるような振る舞いをするのは、それに対して拍手してくれたり、ヤバくなった時に責任を負ってくれる人がまわりにいるからで、もしそういう人がいないなら、それにエネルギーを注ぐ意味はない、という点で私たちは意見が一致していました。」）アニータには、ミーナの家族にないものすべてがありました。生意気で、下品で、不誠実で、そして英国的だったのです。ミーナは彼女を、英国社会に受け入れられるパスポートだと見なしていたのでした。

彼女は青年期の縁へ乗っかることに成功しました。しかし読み進めると、この少女は徐々に幻滅を感じるようになっていくことがわかります。というのも、アニータに恋人ができ、友達だと思っていた人たちのなかに、人種差別（「パキいじめ（パキスタン人への人種差別的ないじめ）」）が広がったことで混乱し、はじめて彼女は裏切られたと感じるのです。彼女の祖母がインドから到着して、家族力動に変化が生じました。そしてミーナは、彼女にとってはもっと居心地の良い、新しい立ち位置を見出したのでした。それは、潜伏期と青年期を行きつ戻りつする過渡期に自分を位置付けることでした。そういう心の状態になって、彼女は弟が存在することを「許せ」、母親を養育者と見なしてみようという気にさえなれました。

ミーラ・サイアルの話は、青年期に中心的な特徴をたくさん浮かび上がらせています。たとえば両親の性的活動への気づきが再び目覚めてくること、両親の文化から離れまったく違う何かへ向かうこと、異性への興味の始まり、学力向上へ目を向けることへの拒絶、違法行為に一時的に惹かれることなどです。この自伝小説はさらに、こうした葛藤のいくつかを解決していくか、少なくともそれらをバランスの取れた見方で捉えることのできるようになる道のりを記述していきます。こうして、ミーナは中等教育選抜試験で本領発揮できるようになるのです。

人格形成のすべての発達段階と同じく、青年期は、特定の年齢で始まったり終わったりするものではありませんし、ある特定の期間続く何かでもありません。そもそも思春期が一つの現象として認識され、文学や日常会話のなかで中心的な役割を演じるようになったのは、ごく最近になってからのことです。それが発達段階として普遍的に認識できるものかどうか、また青年期の経験を文化的に決定する要因は何かという議論は続いています。ミーナの青年期の記述の細部には、一九五〇年代と一九六〇年代に特徴的なものもあり、その時代に育った私たちは、特に共鳴するでしょう。その他の部分は、すべての人に馴染みがあるでしょう。青年期には、ある種の共通の発達課題があるからです。

しかし西洋社会ではこの文脈は、大衆文化によって異なります。しかしながら、どのような大衆文化であれ、それを次の大衆文化現象へと駆り立てることは、青年期特有の役割です。

レニィエイドー（Lanyado & Horne, 1999）は、青年期には、ある種の「普遍的な情緒的中心テーマ」があることがみてとれ、それは「時代や文化、親の役割や育児のパターンに無関係」に働いていると示唆しています。精神分析の理論家にとって、この青年期の中心テーマというのは、潜伏期、すなわち自分および性的関係性への好奇心が待機状態にされる時期から、成人期への移行に関わる情緒的課題ということになるでしょう。成人期においては、己を知り、かなりの程度家族から自立しており、さまざまな人間関係を結ぶやり方を持てるようになり、不確かさに耐え、愛憎入り混じった複雑な感情を持てることが期待されます。思春期には、好奇心が再び激しく沸き起こり、エディプス葛藤に新たに没頭し、何に興味持つか、誰に忠誠をつくすかが刻々と変化していくものであると考えられています。分裂させるやり方が再び優勢になり、理想化したり中傷したりするやり方に依存しがちです。所属の欲求はティーン・エイジャーを、興味や服装、言語を共有する同質の集団へと結集させます。他者を排除する欲求は、集団に非行グループのような行動をとらせ、自分たちの人格の望ましくない部分は他の集団へ投影され、彼らを嘲り、ときには積極的に攻撃します。こうしたグループ間の分割線は、人種や社会的階級、性別というラインに沿ってとても簡単に引かれます。思春期においては、体の変化に並行して、心も変化していきます。ホルモンの影響が気分や行動におよびますし、体の変化が、この時期の青年の心を占める大きな部分になっていくので、人格の成長と身体的成長の相互作用は、どんどん複雑になっていきます。

精神分析の理論では、思春期の課題にはある程度の精神的な苦悩や痛みがあると示唆しています。自分の両親の性的活動、自分の強みと弱み、生き方についての選択の必要を受け入れることには痛みが伴います。ですから思春期の生の一部でもある興奮やエネルギーや創造性を過小評価しやすいのです。しかしながら、大人の世界が思春期のプロセスの痛みを強調するのは、若者が知的・社会的・性的な能力を誇示するのを見て、刺激された羨望から自分を防衛するためだという議論もあるでしょう。

西洋のメディアに支配された大衆文化では、思春期が人生を楽しむためのもので、何でもできる気楽な時代と表現されています。仕事や長期の人間関係、親の役割にともなう責任という重い負担を抱えるまえに、ティーン・エイジャーは考え活動する機会をとらえて色々と試し、楽しい時を過ごすように奨励されています。大衆メディアは同時に、青年にある程度の自己規制を求めています。若い人はたくさんの異性と交際しても、性感染症の危険にさらされないことも求められてもいます。うかつに妊娠すべきではなく、同性愛の若者は、十八歳までは待つか、すくなくともそれまではその行為を秘密にするべきということになっています。飲酒は想定されていますが、無軌道な行為、暴力や犯罪行為にいたるべきではないとされています。ティーン・エイジャーは、あらゆるところに蔓延するドラッグを全面的に拒否するか、少なくとも節度ある摂取にとどめ、やめどきを知ることを期待されているのです。

思春期と教育

本章の目的は、若者が公教育という課題にどのように対処するのかという観点から、思春期と教育の関係性を見ていくことです。それと同時にその反対の視点、つまりこの発達段階にいる数多くの個人を教育するという課題に取り組むために、教師、学校や大学がどのように工夫しているかという視点からも見ていきます。

先に挙げた思春期の状況を考えますと、思春期の若者は、発達段階のなかでもっとも不安定なまさにそのときに、自分の行動にかなりの自己規制を課すように求められています。アレックス・コーレン（Coren, 1997）は、教育に関して同様の主張をしています。

思春期に教育がなされるべきという要求は、逆説と思えるものを私たちに突きつけます。私たちが物事を忘れてしまい、一時の感情で行動し、反省を避けたいともっとも欲する人生のこの時に、私たちは一番たくさん覚え、規則に従い、成果を挙げなくてはならないのです。私たちは、思春期が反抗、混乱や動乱の時期であることを受け入れています。しかし同時にいわゆる「公教育」に、若者が参加することを期待するのですが、それは、まさしくこの時期の若者が応えることが難しい要求を課すのです（p.5）。

これは、自由気ままな放任主義的アプローチが必要だと主張しているのではありません。発達途上の若者には、学校や家庭での日常生活でやるべきことをきちんとさせるべきで、さもなければ混沌とした生活様式に一つの枠組みを提供する必要がある、とマーゴ・ワデル（タビストックでの講義）は主張しています。このような枠組みなしでは青年は、とても恐ろしい状態に取り残され、内的混乱を抱えられることも自分で抱えることもできないと感じてしまうと、彼女は示唆しています。コーレンが述べているように、「何にも反発しないよりは、何かに反発したほうが、ずっと安全」なのです。大人の側が青年におもねるような態度は、青年から軽蔑されることになります。またそうした状況で、青年は、報復されるのではないかという無意識の恐怖を持ってしまいます。というのは、なんでも思い通りになるという万能感には、いつかしっぺ返しが来るという恐怖がつきものだからです。

中等学校（訳注8）への進級

英国ではほとんどの子どもにとって、中等学校への進級は十一歳で起こります。これは、青年期や思春期の開始と必ずしもぴったり一致しません。確かに二〇世紀後半に自治体のなかには、ミドル・スクール（訳注9）を導入したところもあ

（訳注8）十一〜十六歳の子どもが通う学校。イギリスの義務教育は十六歳で終了するが、たいていの Secondary School は 6th form という大学受験のためのコースを併設しているため、多くの学生が十八歳まで Secondary School に所属している。

りましたが、潜伏期から青年期への移行期にある生徒のために、年相応の教育を与える試みであると見れるかもしれません。思春期は、特に女子では、従来より早く起こっています。また多くの六年生（訳注10）グループは、はっきりとした思春期の感情を持ち始めています。しかし中等学校の七年生と八年生のクラスは、思春期にまだ達していない数多くの子どもがおり、彼らは安全のためにお互いしがみつき、思春期に達した子どもがいろんなことを行っているまわりを心配げな見物人のように、ウロウロしています。中等学校に移るとすぐに、子どもはもう一度、山のふもとにいるという事実に直面しなくてはなりません。小学校では最年長で一番「物知り」のグループとして特権的な地位を享受していたのに、突然、ほとんど何も知らない新体制に投げ込まれます。小学校を卒業する心の準備ができていて、潜伏期重視の環境ではすでに物足りなくなった者でさえ、安全で馴染んでいたものの喪失と折り合いをつけなくてはなりません。コーレンは、彼らは二組のルールを学ばなくてはならないと示唆しています。すなわち、中等教育体制の要求に従う方法を学ぶと同時に、従わないことがすべてであるという思春期の「ルール」を学ばなくてはならないのです。

　中等学校へ入学した時点で、ほとんどの生徒は、建物や教師、日常生活をよく知りません。知っている同級生がいても、ほとんどいないに等しいかもしれません。時間割には面食らい、迷子になり、授業に間違った本を持っていきます。彼らはいじめられることを恐れ、変に目をつけられることを気にしています。また人生の大きな変わり目にたどり着いたことで、興奮と満足感にも満たされているかもしれません。彼らは誇りを持って、新しい制服を着ているかもしれません。しかし彼らは徐々に、若者に本当に「ふさわしい」振る舞いは、できるだけ制服を着ないようにしたり、適度に軽蔑しながら着るということだと分かってきます。中等学校生活を始める子どもに関する、最近のテレビ・ドキュメンタリーで、十一歳の少女が通学初日の準備をしている様子を紹介していました。彼女と友達は、髪形をどうするかで意見を合わせ、そっくりのスクールバッグを買いました。この少女は明らかに、まだ思春期ではありませんでしたが、どんな男の子が好みかを虚勢を張って話していました。最初の日の朝、彼女の母親は心配そうな様子でしたが、子ども自身はとても落ち着いていました。彼女は、母親に校門からは一緒に来ないでほしいと言い張りました。それは彼女の描く初日の登校のイメージとは違っていたのでした。そのときとても感動的な場面がありました。少女が出発し、それから戻ってきて、二度目のさようならを言います。まさにヨチヨチ歩きの幼児が、安心を求めて安全な基地に戻ってきたかのようです。母親が一緒に行こうと言うと、誰かその場面を目撃している人がいないか確かめるために、心配そうに見回しながら結局、「お母さんが、そうしたいなら」と彼女は言いました。母親が途中まで一緒に行くと、彼女は勇気を振り絞って学校のなかへ走り込んで行きました。ここに、多くの思春期の課題が要約されているように思えます。つまり、家庭や家族からの離別という課題を、できることから少しずつ達成していくことです。

中等学校は、身体的な発達がさまざまな段階の生徒、自立途上のさまざまな段階にある生徒をどうやって受け入れるのかという方法を見つけなくてはなりません。学校は二つの方向で反応するようです。まず、ここが中等学校であり、頑張って一人で勉強できる力を育てることが期待されていることを、新入生に痛感させることです。それと同時に、新入生たちは、学校を仕切っているのは教師であり、教師が規則を作るし、規則は厳格に課せられることを、はっきりと伝えられるのです。それは、あたかも教師たちは、思春期の反抗ですぐに打ちのめされることを知りつつ、かっちりした枠組みを確立しようと強く心に決めているかのようです。すべての種類の処罰は、教えることと学ぶことの枠組みを維持し境界を守る試みであり、そのために適正になされます。それは、若者たちが卒業年齢に達し、あるいはさらに高度な教育へ進んでいくのを手助けするためのものなのです。これは、思春期の子どもをもつ親が直面するジレンマを実にリアルに映し出しています。つまり、より多くの自由を与えて子どもの成長を促進することと、

（訳注９）八～十二歳、九～十三歳の子どもが通う小学校。
（訳注10）イギリスの義務教育は日本よりも一歳早い五歳で始まるので、イギリスの六年生は日本の四年生もしくは五年生に当たる。同様に七年生は五、六年生、八年生は小学六年生もしくは中学一年生に当たる。

必要があれば親の権威を前面に出すこととのバランスを、親はどう取るのかという、ジレンマです。

思春期の子ども・親・学校

思春期の発達に直面するとき、家族と学校にはパラレルな体験があることを強調しておく価値があります。思春期の子どもを持つことは、手のかかる乳幼児をもう一度、持つようなものだと親はよく言います。彼らは極端に情緒不安定になりやすく、気に入るようにすることは、とても難しいのです。人や社会の不正には厳しいのに、自分の行動に対する責任や非難を決して受け入れません。外的な両親に対して反抗的になると同時に、彼らをしっかりと抱きとめてくれる内的両親イメージとのつながりを喪失しているようです。子どもが思春期に達すると、親である夫婦自身が不安定になるかもしれないということは、あまり認識されていません。子どもが思春期になると、親自身が、いや応なしに人生の次の局面に移行します。親は、自分自身の思春期の未解決な側面に触れさせられるかもしれません。あるいは祖父母になること、世話する子どもがいなくなったカップルとして生活していくことを想定しなくてはならない状態に置かれるかもしれません。子どものエディプス的問題は、子ども自身にとって性行為が実現可能になると、別の色調を帯びてきます。そして親子の対決状態が、性的特質や攻撃性、暴力の傾向を持ってくることに、両親は気づきます。父親は、己の権威（そして性的能力）が性的に成熟した息子によって脅かされていると感じます。また母親は娘の子どもを生む能力によって、衝撃を感じます。分裂と投影は、思春期の精神発達のプロセスに不可欠な部分であり、父親と母親のあいだに楔が打ち込まれ、どちらか片方が過保護や過干渉になったり、または厳しくなりすぎたりすることで、両者のあいだを引き裂くのです。

まさに同じ力動が学校でも顕著になり、教師たちは、思春期の生徒の心身の発達によって脅かされていると感じます。状況がベストな状態であれば、教師たちは、分裂をありのままに認識するかもしれません。それでも、持続的で集中的な投影に直面しつづけながら安定感を保つことは大変なことです。弱さや無力さに対する思春期の嫌悪は、教師のなかに投影されることがあり、教師はまさに親と同じように、いとも簡単に自分に能力がないと思わされてしまいます。学校組織全体が、ときには家庭のように振る舞い、思春期の生徒たちの挑戦に過剰反応し、自分たちの組織が確固としたものであることへの自信を見失ってしまいます。

家庭の機能は、子どもを保護し世話をし、発達を支え、家庭から外の世界へ旅立つ段階を徐々に促すことです。思春期には若者の家庭は、その若者が個体化と分離のプロセスの重要なステップを経られるように助ける役割を果たします。この役割の側面をいくつか学校が引き継ぎます。子どもたちが思春期に達すると、教育システムの外側へ目を向けるように、手助けをする義務があるのです。子どもの分離を促すことができない家庭があるように、生徒の自立心の発達をほとんど支援しない学校もあります。

家族の布置

過去五〇年で、片親家庭の数は驚異的な増加を見ました。大多数は、子どもをもつ独身女性です。こうした女性のなかには、やむをえず片親家庭でいる人もあれば、積極的に一人で子どもを育てることを選んでいる人もいます。別居と離婚が増加し、再編成された家族が増加してきています。複数の家族ユニットが、以前のパートナーとの複雑な関係性を維持しながら、複雑な結合体としてひとつにまとまっているのです。

このあとの章（第十一章）では、こうした家族の問題をもっと詳細に見ていきますが、ここでは複雑な家族構造のなかで育つと、若者は、大人の世界がどのようなものであり、そのなかでの自分の居場所はどのようなところがあるのか理解していくときに、多大の負担が強いられることに、注目しておくべきでしょう。性別とは関係なく、片親であったとしても、乳児期の学ぶことの起源に関して、先に言及した（第一章と第二章）類の内省的なスペースを創り出すことができることは明らかです。かりに片親の内的対象が、確固とした支えとなるものであれば、母性と父性の両方が機能する能力があり、実際にそう機能しています。しかし思春期の子どもに対応するには、以前にも増して親としての柔軟な対応力が試され、親族や友人のサポートに頼ることが増えたと、多くの片親は述べています。離別であろうと死別であろうと、片親を失った子どもの思春期には、それに伴う特別な障害があるでしょう。思春期の男子にとって、父親を失うことはエディプス期の無意識的願望の恐るべき現実化のように感じられるでしょう。同様にシングルマザーを牛耳っている息子の家に、新しい「父親」が来ると、息子が不安定になるとともに新しい関係を危険にさらすかもしれません。

早期思春期

早期思春期では、反抗の表出はふつう比較的小さいものです。十代前半の若者は、親の生き方を疑問視し、拒絶し始め、ほかに役割モデル（模範）を探し求めます。自立に向かっていると言いながらも、彼らが実際にしていることは、いち早く集団にくっついてその規範を取り入れることです。つまり、服装や音楽、政治などの点で集団の好みを受け入れるのです。集団という安全な領域のなかで、一人ひとりがさまざまなアイデンティティを一定程度じっくりと試してみて、集団のメンバーのそれぞれに自分のいろんな部分を投影し、自分自身について徐々により多くを学ぶのです。集団が同質であることで、そのメンバーは互いのあいだに存在するわずかな違いについて実験的に少しずつ考えていく体験ができます。しかし本当に重要な違いは許容されませんし、集団は少しのあいだも安定してはいないようです。集団のメンバーのなかには幻滅を感じたり、ほかの集団に誘われたり、追放されるものも出てくるでしょう。そして、時が経つにつれ、集団は、分裂し、ばらばらになり、ペア（親友、カップル）に分かれていくのです。思春期では、集団への忠誠心は著しい速さで変貌していきます。そしてそのプロセスでは、膨大な情緒的エネルギーを費やすのです。

学校は、このきわめて社会的な実験の舞台なのです。そして時には教育を受けるという課題のために残された時間やエネルギーは、ほんのわずかなもののように思われます。こうした環境下で、生徒がどこまで学べるかは、さまざまな要因があるでしょう。第一に、どのくらい自分自身や両親がもつ将来への夢とつながりを持ち続けられるかによるでしょうし、どのくらいその場しのぎという思春期の傾向に圧倒されるかによるでしょう。また、それは、幼児期や潜伏期での学びの経験によるでしょうし、自分の周りの生活の範囲を超えた世界に対して、どのくらい関心を保ってきたかにもよるでしょう。さらにそれは、カリキュラムの内容にも左右されますし、また彼らが関心を持つものと接点を持ち続け、彼らの度を越した行為に耐え、彼らの希望を明確に理解するという教師の能力にもかかっているでしょう。

第六章　はじまり、おわり、移行

この章では、主要な通過儀礼をいくつか追っていこうと思います。それは幼稚園や小学校へ入ったときから、進学や就職のために学校を離れるまでに起こるものです。こうした大きな転換点と、一日、一週間、一学年を区切る慣例的な変化には、類似している点があることが見てとれます。

精神分析の考えを応用していく際に、はじまりとおわりの意味について理解を深めることは、重要な点であり続けてきました。それは、変化に対する一人ひとりの子どもの反応をもっとよく理解するためだけでなく、「学校全体の方針」について考えるという点でも重要です。新入生の受け入れ方、一日のはじまりとおわりを構造化する方法、学期終了の計画の仕方、教師不在時への子どもの備えさせ方などは、変化が不安を引き起こすことを学校がどの程度まで認識しているかによって違います。学校生活のはじまりとおわりに伴う感情を取り扱うという課題は、早期幼児期の分離と変化の体験にその基礎があるのです。ここでも、幼児期以降、このような発達の側面の責任の大半を担っていくのが、学校なのです。

臨床素材

エマは三歳半のとき、保育所への行き渋りでクリニックに紹介されてきました。実際、彼女は、家の外にはいっさい出ようとしませんでした。彼女は、両親以外の誰の世話も受け入れようとはしません。彼女は、庭に一人で出ようとせず、飛んでいる虫や犬や知らない人をとても怖がるようになっていきました。エマの両親は、彼女のことをとびきり頭の良い子と言い、彼女のコンピュータの技術を自慢して話しました。両親は、自分たちの知っている人は皆エマより知的に劣っているので、エマは人間よりもコンピュータに興味があると思い込んでいました。彼女が実は両親やコンピュータから離れるのを恐れていると、とても穏やかに示唆されると、母親はきっぱりと言い放ちました。「彼女が私たちから離れることを恐れるなんてありえないわ！　彼女には一時たりとも、一人ぼっちを感じさせたことなどありません。」

別の三歳児のトーマスは、両親が彼の発達、特に発話が遅れていることを心配して、クリニックに連れられて来ました。彼の語彙はかなり限られていて、赤ちゃん言葉だけを話していました。彼は、哺乳瓶を手放そうとしませんでした。話し合いを通じて、彼がどんな不安も感じないように両親は生活場面での障害を取り除く努力をしてきたことが、明らかになってきました。エマと同じくトーマスは、普通の欲求不満に対処する体験がなかったのでした。彼は、世話されすぎていたのでした。彼は、待つこともなく、欲求不満を感じることもなかったのです。クリニックでの面接の終わりの頃には、部屋には、なめただけで食べなかったベタベタのクッキーが散らかっていました。これは、本当にお腹が空いたという体験がない子どもです。どうしても彼を置いていかなくてはならないときには、母親は彼が見ていぬまに、こっそりと抜け出していました。そして両親は夜、子どもが寝ついた後にだけ外出していたのでした。子どもが起きようものなら、両親はいなかったことが、バレないように携帯電話で呼び戻されていたのでした。彼は言葉を必要としなかったと言えましょう。子どもの欲求はすべて先取りされ、彼がそれを意識する前に対処されました。

この二つの臨床例は、分離に直面することへの抵抗、人生のある時期から次の時期へ移行することへの抵抗によって生じた困難を描写しています。トーマスとエマは二人とも、次のステップに進むことを各々のやり方で拒み、また支援されてもいませんでした。エマの親は、私たちから言われていることを聞きたがりませんでしたし、私たちも、彼らが立ち止まって考えるように手助けする方向で介入できませんでした。クリニックという限られたスペースのなかにおけるものであったのみにも関わらず、私たちは彼らに分離をあまりに性急に押し付けてしまいました。彼らはそれが耐えられず、次回の予約をキャンセルしました。一方トーマスの両親は、変化への恐れについて私たちが言ったことが理にかなっていると感じ、子どもの欲求について違ったふうに考えはじめました。

分離、喪失、変化は苦痛かもしれませんが、成長や発達、そして内的な強さにつながる絶対不可欠な体験なのです。乳幼児期には、発達途上にある個は、のちの喪失や移行期に対処する備えとして、何千もの小さなはじまりやおわりを経験しなくてはなりません。すべてのおわりは、それがどんなに些細なものでも、ある種の喪失を含んでいます。すべてのはじまりは、それがどんなに些細なものでも、未知に直面する不安を伴っています。すべての移行期は、ほかの喪失やもっと早期の恐ろしいはじまりの記憶、あるいは「感情の記憶（クライン）」をかきたてます。

タビストック・クリニックの多くの訓練・研修コースでは、新しい教育機関で新しい訓練・研修コースを始めることについて学生たちが感じていることを、グループ討議を通じてじっくり考えることに一定の時間を割くことから始めます。イスカ・ザルツバーガー - ウィッテンバーグ（Salzberger-Wittenberg, Henry, & Osborne, 1983）は、彼女の心に残った教師グループの反応について、詳しく書いています。最近私が講師として経験したソーシャル・ワーカーのグループからの感想も、それとよく似た経過をたどりました。最初に発言してくれた数人は、自分たちの興奮、前向きな期待、コースが素晴らしいものをもたらしてくれるという確信について屈託なく話しました。彼らは、たぶん多少の不安はあったでしょうが、希望に満ちていました。他の人々は、最初から防衛的に話しました。「ガタガタ騒ぐことなんかじゃないわ。自分たちは大人で、子どもではないんだから。私たちが訓練や研修を受けるのは、これが初めてってわけじゃないんだから、不安を感ずる必要などないわ」といった具合でした。しかし、だんだんと受講生たちは、思いきって、自分のより原始的な恐れや不安について話し始めました。一人の女性は、引き返して走り出したいという気持ちと戦いながら、建物に向かって歩いたことを告白しました。別の一人は、ひどい頭痛でその日仕事を休んだので、コースの最初の日に休んで家にいるための完璧な言い訳ができて安心したと言いました。彼女は、どうにかこうにか自分を言いくるめて、家からでて来たのでした。別の人は、何を着ていくのかを決めるのが大変だったと話しました。彼女は、きっと、みんな、とても素敵な格好をしてくるだろうと思っていました。この発言がきっかけとなって、もう一人が、すらりとしたスマートな人ばかりだろうと思っていたと言いました。さらにもう一人は、みんな自分より頭が良いだろうと思っていたと言いました。ある男性の受講生は、女性のグループのなかで自分が唯一の男性かもしれないと心配していたと言いました。でもそのあと彼は正直に、他に四人も男性がいたので、ちょっとがっかりしたと言い添えました。一人の女性は、コース受講許可通知書はなにかの間違いで送られてきており、受講者リストに自分の名前はないだろうと確信していたのでした。するともう一人は、自分が建物の近くで迷子になるのではと心配していたと白状しました。

ここで挙げたさまざまな不安や恐れの起源は何なのでしょうか。精神分析の書物では、誕生の体験が、ある状態から別の状態への移行のまさしく最初のものであり、極めて重要なものであるとされています。乳児は、程度の差こそあれやすやすとまったく未知の世界にやってきます。乳児は音や刺激を浴びせられますが、それらの意味を理解する力はまだ持っていません。この点で乳児は、自分を迎え世話をしてくれる人々に完全に依存しているのです。乳児は、乳児期から幼児期への旅に出発します。それは、生来的素質（パーソナリティや遺伝的資質）と環境とのあいだの複雑な相互作用なのです。誕生の瞬間から、そして実に子宮のなかから、赤ん坊は一人ひとり違うのです。元気よく自己主張する赤ん坊もいますし、受動的で不平を言わない赤ん坊もいます。これは、他の親よりも、子育てが「上手な」親がいるといった単純な理解で済まされることではありません。養育を素直に受け入れる赤ん坊もいれば、養育を非常に難しくする赤ん坊もいます。生後の最初の数カ月で、母親ないし最初の養育者とのほどよい「調和」をつくれる子どもは幸運で、その子は最初の分離体験の処理やその後の学びをよりうまく行える傾向にあります。

離乳は、のちの分離の経験の雛形とみなされることがよくあります。離乳のあとに、もっと大きくて長い分離がやってきます。母親が外出するので家に替わりの養育者がやってきたり、さらには仕事に復帰するためにベビーシッターや保育所に預けられることになるのです。離乳をうまく乗り越え、慎重に段階を経てより広い世界へ導かれた一、二歳の幼児を観察すると、少しずつより果敢に母親から離れ、自分を取り巻く環境を探索していく様子が見られるでしょう。はじめは、抱っこや言葉での安心を求めて、何度も戻ってきます。時の経過とともに、戻れば母親がいることを学び、少し遠くへと行動します。後ろを振り返って確認はするでしょうが、さほど身体的距離の近さを必要としないのです。子どもは、世界が自分を迎え入れる魅力的な場所だと信じるように方向づけられると、帰れる安全基地がある限りは、世界を探索したいと望むでしょう。

このパターンは、人生や発達が経過してもあまり変わりありません。私たちはみな、帰ってくることのできる安全基地に頼っています。精神分析の考えが示唆していることは、子ども時代から大人の時代へと移行するにつれ、このような安全基地はどんどん内的な現象になるということです。養育者に抱えられた体験、そして養育者によって注意深く分離が準備されていった体験は、内在化され取り入れられます。このようにして人は、良い内的対象、そして安全で柔軟な内的世界を持つようになるのです。

ある十六歳の自閉症の男子患者は、この種の頼るべき内的対象を持たずに生きるということはどういうことなのかについて話してくれました。彼は、外的な支援が持続的にないと生きていけないと感じていたのでした。彼は、「小さいとき、人が外出すると二度と戻ってこないと思っていました」、あるいは「お父さんはアメリカへ行ってしまいました。お父さんは今は戻ってきているし、死んでもいません」と言いました。認知的には、この少年は、身近な人々が互いに離れていても存在し続けることを知っています。しかし彼は実際にそうだとは感じていないのです。突然の分離に直面すると、彼は無力な乳児と同じ体験をするのです。あるとき彼はその経験を「誰もいないし、何もない」と描写しました。もちろん、これはとても極端な事例です。移行に直面したときの感じ方には、大きな差があります。ほとんどの人にとって、たいていの場合、その感情は圧倒的なものではありません。ほとんどは、たいてい、自分の連続性の感覚、つまり変化の期間を通じて自分が「存在し続ける」という確信があります。しかし表面上は普通の変化に見えるものによって、原始的な感情が掻き立てられることもあるのです。

はじまり

学校での初日は、どんな子どもの人生にとっても、とても重要な一里塚です。子どもはたいてい、「大きな」男の子や女の子になれると大喜びしています。しかしその興奮には、不安定な感情が入り混じっています。うまくやっていけるだろうか。勉強についていけるだろうか。給食は口に合うだろうか。先生は怒るだろうか。そしてみんなの最大の気がかりは、自分がいなくてお母さんはどうしているだろうか、ということです。お母さんは一日の終わりに、僕を迎えに来ることを覚えているだろうか。自分たちを置いてきぼりにしたお母さんを、僕は嫌いになるだろうか。親の心配もさほど違ってはいません。子どもは無事だろうか。楽しくやっているだろうか。家の外に送り出した自分のことを、許してくれるだろうか。

ここ何年かのあいだに、多くの学校で大きな方針転換がありました。学校での最初の体験や大きな移行期に子どもが備えられるよう、とても多くの創意工夫がされています。この方針転換がもっとも明瞭なのは中等学校への進級で、子どもたちは夏休み前に教師に引率されて新しい学校を訪問します。新しい学校を案内することが必要であること、そして最初の数週間は大人や上級生の世話になりながら新生活に入り、支えて貰うことが必要であることが認識されているのです。これは確かにとても良い進展ですが、この種の準備が、子どもたちにあらゆる痛みと不安を免れさせるという考えを伴う危険もあります。最近、私が聞いた男の子の例では、親と幼稚園の先生がその子に、「大きな学校」に行くとはどういうことかを細かな配慮をしながら話したそうです。その子は、安心しているようには見えず、その日が近づくとますます不安になっていきました。ついにその子は、先生に打ち明けました。「両親はボクのパスポートが届くのを待っていると言っているけれど、本当に大きな学校に行けるの？」「もしパスポートが間に合わなかったら、どうしたらいいの？」とその子は言いました。その男の子にとっては、大きな学校はまるで、遠い外国のようだったのです。

大きな移行

教育制度における大きな移行は、大多数の人にとっては、発達上の大きな変化に合致するように設定されています。幼児期から潜伏期へ、潜伏期から思春期へ、思春期から成人期前期へと移る変化に合致しているのです。子どもが教育制度のなかである段階から次の段階に移っていくことは、人生の次の段階へと移っていくことであると見なされています。しかし多くの子どもにとって、学校の変わり目のタイミングは、子ども自身の発達とかみ合っていません。このような子どもは、それに対する心の準備ができていない社会や教育の世界に適応するという課題に直面しているのです。小学校のクラスには、きちっとした教室での学習への準備が明らかにできておらず、まだしばらくは遊びをベースとした活動で、発達を統合させるのが必要な子どもたちがいます。思春期にたどり着いているかどうかに関わらず、また比較的静かな潜伏期の海にもっと長くいた方が得るものがあるかどうかに関わらず、中等学校へ進級させられ思春期へ投げ出されている潜伏期の子どももいます。学校を出て、仕事や親として世の中に出る若者の多くは、情緒的発達という点では、十分な能力が備わっていません。こうした困難な状況にいる子どもや若者は、最終的にはなんとか順応できるかもしれませんが、教師が彼らの状況に注意を払い、この種の個人差に何らかの配慮ができれば、彼らの適応はもっと容易になるでしょう。

比較的小さな移行

ここで、学校生活の特徴である、もっとずっと小さなはじまりやおわりや移行に注目したいと思います。学校生活の日常はそれらに満ちています。子どもは家庭から学校へとやって来ます。そして子どもは自分のクラスで、なじみのある教師と会ったあと、全校集会へと移動します。教室に戻り、ひとつ授業をうけて、そのあと違う教室で、違う教科を、違う先生から受けます。そして休み時間が来ると、やかましく雑然とした運動場に移動します。ふたたび教室に戻り、そして図書館、体育館、食堂などへと行きます。突然その日が終わり、子どもたちは建物から出されます。どんなに天分に恵まれ、適応能力のある子どもでも、このような一日の時間割に翻弄されていると感じるでしょう。ましてやたくましくない子どもには、とてもこなせません。したがって、非常に小さな変化にも、前もっていろいろと言って準備してあげる必要があるのです。もう一つ、私が聞いた最近の事例では、六歳の男児が学校で突然とても不安定になりました。前の学年では、彼はまったく順調で、活発で家庭でも楽しくやっていました。両親と教師は、いろいろと考えて話し合い、何が変わったのかに気づきました。その子のクラスは、二人の教師によるワーク・シェアリングによって教えられています。つまり週の半分を一人の教師が、残りの半分を別の教師が教えているのです。両親は、彼が別のクラスに変わることを望みましたが、それがベストな解決方法ではないことを納得しました。それよりはるかに良い方法は、彼に状況をくわしく説明し、彼にもクラス全員にも分かりやすいカレンダーを与え、さらに翌日はどちらの先生が来るかを毎日知らせることだったのです。

連続性

子どもが初期の分離になんとか対処し、内的感覚としての安全性や慰めを発達させることを学ぶやり方の最も一般的で明白な例は、「お守り毛布（精神的安定を得るために幼児がいつも手にしている）」であり、ウィニコット（Winnicott, 1951）が「移行対象」と呼ぶものです。すべてではありませんが、ほとんどの子どもは、服や毛布、テディ・ベアのように、ひとつの特別なアイテムに頼る気持ちを発達させます。彼らはそうしたものを持ち歩きます。早期の母親との関係性で得た安心感を具象的に表す一種の代理物として、それに依存しているのです。この対象はベッドにまで持ち込まれ、夜間子どもを「安全」に保ち、日中は家の中や通りへの外出、スーパーなどへとお供します。多くの家族では、両親や兄弟は、この種のものの大切さをよく認識しています。乳児観察をしていた訓練生の記録に、ベンという幼児のお気に入りのテディ・ベアがなくなって、家族がひどく混乱したというのがありました。五歳の兄は、みんなのなかで一番うろたえていて、彼は寛大にも自分のテディを替わりに差し出しました。家族は、なくなったことに気づいてベンが悲嘆に打ち崩れる瞬間を腫れ物に触るように待っていました。テディなしでは、ベンは眠らないだろうし、家から離れはしないと彼らは確信していました。実際ベンは、格別問題もなくその状況を切り抜けました。日常のさまざまな小さな移行を克服するにあたり、彼は内的対象に依存できたと観察者には思えました。テディが見つかったとき、彼はテディとの再会を喜びましたが、それは死活問題ではありませんでした。この事例では、テディは純粋に「象徴」であり、それそのものがなくても構わないものでした。「慰めるもの」の喪失（あるいは保育園や幼稚園にいくために引き離されること）を破局的と感じる子どももいます。彼らはまるで実際に、養育者から引き裂かれて、宇宙空間のなかに投げ入れられたかのようです。家庭を思い出す象徴的なものとして、お気に入りのおもちゃを保育園に持ち込む子もいますが、移行が完了すれば必要とされなくなることが多いのです。

移行を手助けするために，個人やグループがなんらかの物を用いることは，学校生活やその後の生活でもずっと続きます。子どもはあらゆる手を使って，一日の終わりに物を家庭に持ち帰ろうとしますし，教室移動のときにさざまな物を教室から教室へと持ち歩こうとします。子どものなかには，家庭からお気に入りのおもちゃを持って来ないと言い張ったり，禁止されている服装や宝石を身につけたい気持ちを抑えられない子もいます。このような子どもは，ただ「見せびらかしたがっている」とか，「規則に逆らっている」だけではないのかもしれません。家庭や自分の生活のほかの面を具体的に思い出すものに，囲まれているのが必要だと示しているのかもしれないのです。いつも驚かされることは，ずっと年長の子どもが修学旅行の鞄のなかに，テディや似たような対象を滑り込ませていることです。試験会場の机の周りをいわゆるマスコットの類で飾っている子どもを見れば，ストレスや不安の時にこうした「支え」が再度登場することがわかります。

子どもや若者や大人が，今日，携帯電話に夢中になっていることは，分離や移行の対処と関連した面白い現象です。確かに，携帯電話は，若者のなかでおしゃれに敏感な者の印として「運動靴」に取って代わっているという面があります。しかし，携帯電話ははるかに重要な機能も果たしていると，私は思います。いかなるときも，愛する人や「安全基地」，信頼できる「外的対象」と接触できるというアイデアが画期的なのです。ある状況から別の状況へと移行するときに，列車のなかでも通りでも「接触していない」こと，すなわち分離の体験を打ち消すために，それが使われていると見ることができます。空港を歩いているときも，列車が駅を出るときも，いまや人々はパートナーや家族，友人と話せます。携帯電話は，分離の不安を抹消または根絶したい，さようならを言うのを先延ばししたい，再会の時を早めたい，という私たちの願望にピッタリの役目を果たします。私は，最近，旅行中ずっと妻かパートナーと話している人を列車のなかで目にしました。あと数分でその旅行が終わるという頃には，彼女が車で駅に迎えに来ていることが分かりました。そしてまるで航空管制官が飛行機を着陸させるように，彼は電話で彼女を駐車場に誘導したのです！ 駅のプラットフォームから改札口へと急ぐあいだも，彼はまだ彼女と話していました。

コミュニケーションの手段として電子メールや携帯メールが増大したのも、おそらく同じ恩恵をもたらしていると想像されます。手紙が目的地に届くまで数日待ち、返事を期待しながら数日を過ごすかわりに、いまや私たちは電子メールや携帯メールを発信し、ほとんど同時に返信を得られます。スピードはたしかに便利ですが、おそらく即時性は、待たない、離れない、距離がない、欲求不満がないという錯覚をつくる役目を果たしているのです。

おわり

学校から離れることは、生徒と同じく教師にとっても大きな出来事です。卒業後にやって来ることへの強い興味があるかもしれませんが、悲しみと喪失感もあるでしょう。学校という共同体の喪失、特に学校における親密な関係性の喪失は、とても深い意味を持つ喪失です。それは離乳、学校のはじまり、死別などといった早期の喪失について意識的・無意識的な記憶を掻き立てます。子ども（と大人）は、おわりを克服するために、非常に異なるやり方を発達させます。昔ほどではないでしょうが、今でも教師はクラスの子どもたちに別れを告げずに転勤していかなければならないことがあり、それによって罪悪感を抱いている教師がいます。比較的最近でも、転勤していく教師は自分のクラスの生徒に何も言わないように、と言った校長の話を聞きました。その校長の弁明では、教職員の異動について親に心配をかけたくない、というのです。しかし明らかになってきたことは、その校長はもし転勤を伝えてしまうと子どもたちからいろんな感情があふれてくるかもしれないと考えており、そのようなことに対処したくないし、たぶん自分自身の怒りや失望や拒絶の感情に直面したくないということでした。

学年末パーティーや卒業コンサートは重要な儀式で、周到に準備された通過儀礼として特別なものでしょう。しかし誰もが悲しい感情に陥ってしまわないようにする防衛策となっているかもしれません。誰でも、おわりに気づかないようにする手段、あるいは、少なくとも喪失の要素を否認しようとする手段を持っています。同じことが週末の午後に、学校で起こりうるのです。週末に子どものふるまいが悪化することがあるのは、単なる疲れや週末への興奮ではありません。多くは、喪失の痛みの感情を避けたいのです。つまり、学校生活という構造の喪失、同級生や教師との関係性の喪失をめぐる感情を避けたいのです。教師と生徒はしばしば共謀して、早めに構造を取り壊します。金曜の午後を「選択」、「ゴールデンタイム」、「お楽しみ会」などにあてるのです。これの大人バージョンとして挙げることができるのは、タビストックのコースを受講している教師たちのなかに、金曜の夜にパブにくり出すグループがあることです。金曜日を待ち望んでいたのに、どういう訳か、別々には行動できないのです。学期の終わりに学校を離れるのは、もっと大変でしょう。休暇に出かけることをどんなに楽しみにしていても、そうなのです。教師が長期休暇中に病気になるのは、一学期間の仕事で疲れきっているというだけが理由ではないと思います。どんなにありがたいものでも、休日は日常生活の中断であり、多くの馴染んだ支えとなるものからの分離なのです。

一九八〇年代にロンドンで行われた怠学対策プロジェクトの一環に参画するなかで、私は、その怠学・不登校生徒のための教室を若者たちが卒業していくやり方には本当にいろいろなものがあることを経験しました。多くの生徒は、義務教育終了期日の数週間前に、来なくなってしまいました。一言もなく、ただいなくなった生徒もいましたが、衝突を引き起こして飛び出していった生徒もいました。私たちをうまく動かし、自分を排除するように仕向け、私たちが学校と同じで役立たずだと証明し、勝ち誇って去っていった生徒もいました。わずかなものが勤め口を見つけましたが、悲しいことに大半の少年は、非行で逮捕され少年院送致となりました。また残念なことに、女の子の多くが学期末直前に妊娠し、自分の将来の先が見えると信じて辞めていきました。

わずかな数の生徒は期末まで留まりましたが、彼ら自身にとっても教員スタッフにとっても大変な毎日でした。彼らは楽しいことやピクニックを要求し、そのあとは家で寝ているのでした。彼らはスタッフが怠慢だと非難しました。ちゃんとした学校にいないのだからと、スタッフを「できそこないの」教師と呼んでいました。完全に終わりを否認し、けっして実現しそうもない、手の込んだ同窓会の計画を立てていました。多くの生徒が、卒業しても学校を離れていけませんでした。その翌日には、学校に訪ねてきました。ときおり来る程度の生徒もいれば、毎週、あるいは毎日やって来る生徒もいました。一人の少女は毎日やって来ました。結局、教師は、来る頻度を減らすよう告げなくてはなりませんでした。その後、彼女は二度とやって来ませんでした。

ここには、どんな無意識的な力が働いているのでしょうか。こうした振る舞いの意味は何だったのでしょうか。ここで述べているのは、学校に通わなかった子どもたちです。多くは、学校に拒絶されていたか、少なくとも彼ら自身拒絶されていたと信じていました。ほとんどの子どもは、両親が積極的にネグレクトや虐待をしていたり、両親があまりにも抑うつ的で絶望していて、親として無力な家庭から来ていました。こうした子どもは、移行のときに大人から援助された体験がありませんし、喪失を克服するために手助けもされていませんし、実際、新しい機会を期待するように助けられた体験もありません。私たちがいかに多くの労力をさいて、彼らをもっと良いおわり方に導こうとしても、ほとんどいつも彼らのなかの無意識的な妨害の力が優勢になるのでした。たとえば、遠足のおわりのような、良い体験の喪失という意味を持つ事態に彼らが直面したとき、同じ性質のことが起きていました。しばしば遠足の帰りの道中で問題が起きるのですが、彼らは突然、お互いに、あるいは私たちスタッフと喧嘩をし、腹を立てながら後ろも振り返らず帰っていくことがよくありました。彼らはそうすることで、別れやおわりの寂しさに直面することなく、立ち去ることができたのです。ある苦い体験を思い出します。ある生徒のグループを連れて、マーゲート(訳注11)で存分に楽しい一日を過ごしました。帰宅する時間になるまで、彼らは陽気で満足げでした。彼らは、わざと予約してあった列車に乗り遅れました。私たち教員スタッフは腹を立て、彼らを利己的で軽率だと責めました。彼らはみな小遣いを使い果たしていましたが、私たちは飲み物や食べ物を買うことを拒否しました。それまでずっと行動をともにしてきましたが、ここで私たちスタッフだけ別の車両に乗りこみました。まるで子どもたちと大変な一日を過ごしたあと、子どもと離れたい親のように、です。私たちが彼らに見切りをつけたことに対して、彼らは車両を壊すことで反応し、ライトを割り、シートを破ったのです。結果として、私たち全員が、そのあとの取り調べのために何時間も残されました。そしてみなショックと惨めな気持ちで帰宅したのでした。

これらは極端な事例です。もっと普通の生徒たちはどうでしょう。卒業すること、ある学級から別の学級へ行くことで、どんな無意識的な力が働くのでしょうか。次に挙げた可能性のリストは全部を網羅してはいません。しかし移行やおわりに伴うこうした考えが、早期の体験や乳児と養育者との関係性の様相に関連していることが明確になればと思います。

- 私がいなくなるので、先生はほっとしてる？
- 先生は、私が嫌いだった？
- 先生は、私を覚えていてくれる？
- 先生は、私がいなくなると寂しい？
- 先生は、私たちのクラスが一番好きだった？
- 先生は、私が一番好きだった？
- 次のクラスの子たちの方が、頭がいい？
- 私は、次の先生を好きになるかしら？
- 次の先生は、私を好きになってくれるかしら？
- 私は、やっていけるかしら？
- 私がいなくなっても、先生は大丈夫かしら？
- 私たちは、先生にひどいことをした？

（訳注11）イギリス南部にある沿岸リゾート地。

- 私たちは、あまりにも悪ふざけをした？

一方教師は……

- あの子たちは喜んで出て行っただろうか？
- あの子たちは、次の先生の方がもっと気に入るだろうか？
- あの子とたちは、私を思い出すだろうか？
- 私はあの子たちに、きちんと教えただろうか？
- あの子たちは及第するだろうか、落第だろうか？
- 次は、どんな子たちか？
- 私は次の子たちとうまくやっていけるだろうか？など

これら二組の心配事の類似は驚くほどですし、この章のはじめに引用したソーシャル・ワーカーが述べていた考えと対応しています。このような先入観はとても普通なもので、通常は、ほとんどの子どもや教師や学校が対処できることです。しかしごくありふれた通常の状況における変化や移行の重要性を理解することで、これが重大な問題領域となっている子どもに教師が気づき、支援するうえでの助けとなります。とても幼い子どものなかには、ありふれた日常的な移行に対処するのにも、絶対に援助が必要な子もいます。このような子には、活動が変わることに備える時間が必要で、運動場から戻ったとき、そこに教室があり教師がいるという保証が必要です。移動するために十分な勇気がわくまで、彼らには教室の同じ場所に座っていられることが必要なのです。のちのちには休暇や進級、中等学校へ移るために膨大な準備が必要になってくるのです。こうした子どもたちは、親が成長や分離をさせてこなかった子だと考えられることもあります。そして教師はすぐに、過度の依存、密着した関係性、しがみついている親や子どもという言い方をしてしまうのです。確かに、早期の体験の親密さを断念するのを、双方がともに嫌がっているのかもしれません。しかしながら、変化のときに、親子を極度の不安にさらすような出来事が、家族内にあった可能性もあります。病気、死、離婚、失業、転勤、ホームレスになることすべてが、個人の持続性の感覚の保持能力を揺さぶり、学校の不安を抱える能力を試しているのです。

第七章　行動を理解すること——教室での洞察と観察の価値

日々四六時中、二〇人から三十五人の子どもと向き合っている教師がよく主張するのは、この本で提示されている考えはとても面白いが、充分には役に立たないということです。彼らの職場の日常には、余分なことをする余地はまったくないと言うのです。どうしたら、一人ひとりの子どもの欲求に応えられるのでしょうか。国の決めたカリキュラムをこなし、事務作業をすべて行い、目標を達成しながら、子どもたちの情緒的発達に寄り添うことなど、どうやったら期待できるのでしょうか。追い詰められた状態にある担任は、ときどき集まっては、内省する時間がある人を羨み、すべての洞察をいわゆる専門家に丸投げします。こうして、行動を「管理」しなくてはならないということで頭がいっぱいの人と、子どもを「理解」しようと努めている人とのあいだに亀裂ができるのです。

観　察

教師の多くが認めているように、教師は、自分が圧倒されることが恐いので、子どもの情緒的体験や家庭生活の現実に心を開く余裕などないと感じがちです。おそらくこれが、学校での非常にたくさんの介入が、厳密な行動規範にしたがい、目標を設定し、飴と鞭のシステムに依存していることの理由の一つでしょう。「観察」という名目で教室で行われているものの多くは、子どもたちの行動を客観的にアセスメントすることを目的として行われています。だれかが子どもや子どもの集団の観察を企てるとき、その狙いは普通、特定の行動を切り取り、計量し、誘因を識別することです。観察者の目的は、適切な介入を行うために、因果関係を多少とも理解しようとすることです。教師の観察はほとんど同じように行われ、課題の達成度をはかり、改良すべき点を見きわめるように慎重に構成されたチェックリストを用います。

観察者というものは、活動と距離を保ち、情緒的に熱くならないようにし、データに焦点を当てて正確に記録できることが必要だと信じられているのです。私が本書でこれから述べていく方法は、このような観察とはかなり異なります。それは、距離を置いたところからでもなく、標準化されたチェックシートの助けもなく行われます。それは、観察者が目の前で繰り広げられる場面に関わり、そこで体験することに注意を払い、それに心を開き、考えていくということに基づいています。観察者は、自分の目や耳が知覚したものだけでなく、自分自身の情緒的反応をじっくり考えることが奨励されます。このような観察の訓練を積んでいくと、観察者は通常の仕事をしていても、そこで起こっていることを詳細に観察し続けることができるようになります。

ワーク・ディスカッション

タビストック・クリニックで行われている他の多くの専門的な訓練コースや臨床準備コースと同じように、ワーク・ディスカッションは「教えることと学ぶことの情緒的要因」という講座コースの中核部分です。その課題は次のようなものです。受講生は、職場での約一時間の出来事の詳細な記録を書き、セミナーで検討するためにレポートを持ってくるよう求められています。書き上げるのは、その出来事のあとで、そのときにはノートをとったり、録音機のようなものの助けなしに行われなければなりません。受講生はできるだけ詳細を思い出して書き、かつ自分の考えや情緒的反応の記述を含めるように促されます。実際自分がどれほど詳細を覚えていられるかに、受講生はいつも驚きます。昼休み、遠足、保護者面談など教室での一連の出来事から選んで書くことができます。つまり心に疑問がわき、もっとじっくり考えたいと思うことなら一日の仕事のどんな側面でもいいのです。

精神分析的な観察のスタンスがどのようなものであり、それが専門家に馴染みのある「客観的」観察に異議を唱えるものであることについて、私は別のところで論じたことがあります。(Youell, 1999a; 2005)。タビストック・クリニックの講座では、教師たちは心を開き、深い意味で「主観的に」観察するように言われます。彼らは知的に関わるだけでなく、情緒的にも関わることが求められ、自分の気持ちを熟考するとともに他者の気持ちの状態にも心を開くように求められます。よい記憶力は助けになりますが、十分ではありません。正確な話はそれ自体、状況に生気をもたらしません。受講生は場面を生き生きと描写する言葉を用いることを促されます。

セミナー・リーダーは子どもの心理療法士であり、この点で、教師の領域の専門知識が臨床家の知識と経験に結びつけられます。教師と子どもの無意識的コミュニケーションや情緒的体験に焦点を当てながら、セミナーグループは相互作用のさまざまな面を理解するために、ともに取り組むのです。このようなアプローチの観察においては、観察者の受ける影響、つまり逆転移に注目します。これがこの種の観察と他の観察方法との違いです。セミナーの討議の目的は、教師が一人の生徒や生徒集団の理解を増すだけではなく、教師の役割の範囲で、職業的な実践のさまざまな面や自分自身の情緒的体験のいろいろな側面について考えるように手助けすることです。

観察と洞察

タビストックの教師のための講座に参加する教師がよく言うのは、参加の動機は、何らかの形で彼らに挑戦してくる子どもたちについて、もっと理解したいという願望なのだということです。彼らが知りたいことは、なぜ子どもたちはそんなふうに行動するのか、そしてなぜ自分たちは教師として、理解できなかったり学級経営ができなくなることで、そんなに苦悩を感じるのかです。教師たちは、勉強をせず、目の前の助けを利用できない子どもや若者にかかりきりです。彼らは「情緒的な要因」に興味を持っているので、その講座を受講していますが、対策や解決策に力点が置かれていないことに、しばしば驚きを感じます。多くの人たちは、セミナーを終えて帰る時に答えよりも問いの方を多く抱いていることに、不満を感じます。しばしば子どもの詳細な家族歴や生育歴や学校での経歴（これらはセミナーでは要求されません）が、難問を解決する手がかりを与えるという幻想をセミナーの参加者が抱いている場合があります。もうひとつよくある幻想は、セミナー・リーダーが洞察を意図的に出さずにいるというものです。

ワーク・ディスカッションという課題にしっかりと取り組むうえで求められているのは、事例発表者が進んで自分自身の情緒的反応の熟考に努め、他の参加者たちと考えを共有することです。これは最初とても難しいことがあります。特に自分の子どもへの反応が、専門家として熱心な教師に相応しくないのではと心配しているときには、そうなります。彼らは、嫌悪や寛容になれないといった感情を認めるのが難しいと気づき、また当然ながら、クラスがまとまらない授業風景、クラスをコントロールできなくなるのではという自分の不安について書くのを嫌がります。講座のメンバーなかには、まさに「最上の」授業の記述を持ってくる人もいますし、とても困難な生徒やクラスや学校の状況を報告して、そんな状況で教えることを期待されても無理だと、グループに賛同してもらおうとする人もいます。あるいはセミナーはある種の懺悔の場になり、想定できるあらゆる失敗を皆にさらけ出して、まるで発表者が「悪い」教師であることの確証を求めているような場合もあります。内省と意見交換のための真のスペースが存在しうるような設定を確立するには時間がかかります。これが達成されると、参加者たちは、思いもかけず失敗を暴きたてられたり、評価されたりするのではないかと心配しなくなり、教師と生徒の相互作用のなかで実際に起こっていることが観察のなかでどのように表れているかについて互いに気づいたことを話し合うプロセスを通して、観察者にどのような心の状態が投影されているのか意識できるようになると期待するようになります。

ワーク・ディスカッションのセミナーは、「経験から学ぶ」という考えを具現しており、観察素材と精神分析理論とのあいだをつながげることでのみ生まれる教育の力があります。その学習の重大な要素は、教師が情緒的反応に十分な注意を払って、観察の細部について考える方法が、意識的・無意識的な体験のさまざまな面を解明できるということです。こうしてセミナーに参加した教師は、自分の役割の範囲内で、どうやって子どもを援助していくのが一番よいのかをもっとよく理解できるようになるのです。

以下に、講座の一年目の最初のセミナーの例を手短に描写してみましょう。

まだ観察記録を発表する人がなかったので、私は「どなたかご自分が悩まされている状況について、即興で話していただけませんか?」と尋ねました。ある男性教師が応じて、やや弁解気味に、クラスの二人の生徒の問題について話しました。そのジョニーという男の子とケリーという女の子はともに十歳で、早めに学校に来て、教室の準備を手伝ってくれていました。黒板をきれいにしたり、鉛筆を削ったり、備品を並べたりなどです。二人はとても頼りになり、彼はその手伝いをやめさせたくありませんでした。しかし実際は、ジョニーの存在は邪魔ではありませんでしたが、ケリーにはひどくイライラさせられていることに彼は気がつきました。二人の子どもがまったく同じように役に立っていたので、彼はこのことに戸惑いました。セミナーでは、二人の子どもについてもっと話し、彼の苛立ちを探索するように促されました。セミナー・グループが見出したことは、ジョニーは小柄でおとなしい少年で、課された仕事を何でも引き受ける子どもだということでした。対照的にケリーはおしゃべりで、物の整理の仕方にもアイデアをたくさん持っていました。セミナー・グループのメンバーが、他の時にはこの二人の子どもたちは、どのように振る舞うのかを尋ねました。発表者は、ジョニーはクラスで人気がないわけではないが、運動場を騒がしくて怖いと思っていると話しました。ジョニーはその教師に、これといった要求はしませんでした。しかしその教師には、思い出したことがありました。それは校内の他の場所に移動した日、ある時点でジョニーが不安を感じ、集会場のなかで、その教師のそばにくっついていたということでした。ケリーはいつも近くにいました。お話の時間には、彼女はその教師の足のすぐそばに座っており、いつも列の前方にいました。教師の質問に答えるとき、彼女の手はさっと挙がり、職員室に出席簿をとりにいくなどの用事には、一番に名乗り出ました。発表者は、ある朝八時に駐車場で起こったやり取りを描写しました。彼が眠気眼でぼんやりと車から降りようとしていると、ケリーがどこからともなくヌッと現れて、鞄を運びますと言ったのです。彼はそのときの自分の反応を深く恥じいっていました。「結構だ！」と、きつく言ってしまったのです。「頼むから、運動場に行ってくれ！」彼は、実際ケリーを追っ払いたい気持ちだったと告白しました。

セミナーで話しているうちに、ケリーの手伝い方は、押し付けがましく支配的なきらいがあるということが浮かび上がってきました。彼女の母親が学校事務員であることが分かり、グループは、彼女が教師にとってなくてはならないアシスタント（あるいは教師の妻？）になったつもりになっていると推測しました。その同一化には、「付着的」な特徴（第二章を参照）がありました。それは、そばにいたいというジョニーの欲求とは違う感じのやり方で、どうもケリーは自分にくっついていたいのだとその教師は感じました。言いかえればケリーは、子どもであることの不安を感じなくてすむようにしていたのでした。つまり、経験をつんだ成熟した大人から学ぶという、学校での学びの状況は、自分が子どもで何も知らず無力であるという不安に直面することであり、ケリーは、そうした不安を感じなくてすむようにしていたのです。

もちろんセミナーでの検討で出てきたこのような洞察自体が、問題の解決になるわけではありません。教師は、ケリーへの自分の冷淡な反応に大きく動揺し、自分の内的世界の何がそういう状況をもたらしたのかと考えました。セミナー・グループは、そこには今後さらに探索する価値のある、性差に関わる何かがあると感じていました。二人の子どもに、早朝のお手伝いの習慣をやめさせ、運動場に行かせるためには、どんなやり方が最良かについては、意見が一致しませんでした。やらねばならない仕事がいっぱいありました。しかしここで大切なのは、セミナーに問題を持ってきたことそのものであり、その教師が二人の子どもの重要な違いを識別できたということです。一見したところ、彼らの行動は同じでしたが、その内的原動力は大きく違うことが明らかになったのでした。

この即興の事例提供は、生徒の行動だけでなく、教師のなかに喚起された感情に注目することの有益性をセミナー・メンバーに理解してもらうために大いに役立ったことがわかりました。「セミナーの討議の目的が、適切な対策の存在を突き止めることではないことが分かると、セミナーでの検討が充分に役立っていることが実感できる」と驚きを持って受講生はよく言います。彼らは発表の一週間後にやって来ては、子どもに大きな進歩があったと言います。実際、子どもは自分のことが話し合われたと知っていたに違いないと教師たちは確信するのです！　これは、魔法でも何でもありません。抱えていくことの特性を理解すれば（第一章と第二章）、教師の不安がセミナー・グループに抱えられると、教師が生徒の不安をもっと抱えられるようになることは、きわめて理にかなっています。教師が受容的になり思慮深くなれば、生徒にはそれが分かるのです。この観察方法が教師にとって有意義であれば、これが教師の日常の業務の一部になるということも、至極、当然のことでしょう。セミナー・グループがなくても、教師たちは同僚の体験について気づいたことを照合したり、仲間内で対話を設けたりするでしょう。

ワーク・ディスカッションのセミナーからより詳細な例をひいて、私はこの章を終えたいと思います。発表者は、青年のための生徒保護施設（ＰＲＵ）（訳注12）で働いています。

私はライアンにとって「重要な教師」で、彼を普通学校へ戻すようにするのが仕事です。ライアンは十五歳です。彼は背が高く、細く、髪の毛はブロンドで……快活な瞳と魅力的な笑顔を持ち、彼を叱ろうとするとそれが怒りを鎮めてしまうのです。彼はひどくいやな奴になることもあり、他の子どもたちの母親を「罵る」ことで、からかって楽しんでいます。

この観察は、昼食時間のすぐあとの出来事です。同僚のトレーシーが私に、昼食中に事件があったと話しました。彼女は、ライアンはいつもデザートをたくさん取っては捨ててしまう、と話していました。今日、デザートは、偶然にもみんなが大好きなアークティック・ロールでした。その日はＰＲＵにたくさんの子どもがきていたので、私の同僚は、みんなに、欲張らないようにと言いました。お皿が順番にまわって、ライアンは自分の取り分がとても小さいことに気づきました。他の子どもは笑っていて、トレーシーは「お気の毒」とつぶやきました。ライアンは顔を真っ赤にしながら、テーブルの向こう側へお皿を押し返しました。彼はトレーシーにスプーンを投げつけ、「まぬけどもとは、一緒に食わない」といって、出て行きました。みんなが驚いたことに、休み時間のあいだにトレーシーと仲直りをして、午後の授業には戻ってきました。

私は授業のために教室に入ると、音楽のスイッチを切るように言い、ライアンにラジカセを隣の事務室に返してくるように頼みました。彼は座ったまま、浮かぬ顔をして、ぼそぼそ何か呟いていました。私はもう一度彼に頼みながら、どうして彼に頼むことにしたのかと考えていました。「何のことを言っているか分かんないよ」、「聞いてなかったよ」、「何で俺？」、そして最後には、「俺はアホじゃないよ」と、毎度おなじみの返答をあれこれ言っては拒絶しました。私は彼に、なんでこんなことでそんなに大騒ぎをするのかと尋ね、昼食のときにも同じくらいつまらないことで騒いでたよねと言ってやりました。私はすぐに自分の言葉が挑発的だったと気づき、過去のことを皆の前で持ち出したことを後悔しました。普段の私は、済んだことを後からとやかく言わないようにしています。特に自分がその場に居合わせなかったときには！　ライアンが態度を硬化させたため、私の言葉は宙に浮いてしまい、私は心配になってテーブルの周りのほかの子どもに目をやりました。彼らは、じっと座っていましたが、次第にクスクス笑いだしました。ライアンは、「俺は使い走りじゃない」と繰り返しました。「教師は勉強を教えるのが仕事のはずだろ。俺は物を取りにいくことなんか教えてもらうために学校に来ているわけじゃないだよ。うざいんだ、うせろよ」と彼は言いました。

私は、「ＰＲＵ内では汚い言葉は許されないこと」を言い聞かせ、「私が頼んでいることは大したことじゃない

（訳注12）学校に行かない情緒・行動障害の青年の短期施設。

し、他の子に頼んでもいいようなことなのよ」と言いました。「じゃあ、そうすれば?」とライアンは言いました。「あなたがそのことで大騒ぎをしてしまっている今となっては、私はあなたにそうしてもらうことを要求します。そうしないと、あなたは何もかも自分の思い通りになると言うだろうから」と私は答えました。「お願いが理にかなっている限り、教師が頼んだことを生徒がするという規則は、知っているわね」と言ってやりました。ライアンは挑発的に私を見て、言いました。「俺がお願いしたら、あんたは店へ行ってくれるんですか? くれないでしょ。だったら、なんで俺があんたのために物を運ばないとだめなんですか?」。私は、自分の顔が赤くなり、鼓動が早まるのを感じながら、どうやったらこの混乱から逃れられるだろうかと考えていました。

他の子どもたちは、彼の強がりと、私がコントロールを失いつつあることを多分感知して、彼に同調しはじめました。「ライアン、がんばれ!」、「先生に言ってやれよ」、「あいつらは自分たちを何様だと思ってるんだ」などなど。女の子の一人は、「ライアン、やっちまえ。どうしたのよ、早くやっちまえよ」と挑発しました。もう一人が「先生を勝たせるつもり? あら、ごめんなさい、忘れてた。あの人が、ここのボスだっけ」と嘲るように言いました。デービッドが授業を始めてほしいと言うと、みんなが彼のことを非難して「いやな奴」、「先公のペット」と呼びました。彼は私のことが好きだと誰かが仄めかし、みんなクスクス笑うと、デービッドもその笑いのなかに巻き込まれていきました。

私はうまく対応しようと、もがいているうち、ますますパニックに陥るのを感じました。声を平静に保ちながら私はライアンに、「言われたとおりラジカセを持って行かないなら出ていきなさい」と言いました。彼はこの言葉にニヤリとして、どこへ行けばいいかと尋ねました。「家? パブ?」いまや彼は立ち上がって、完全に覚悟した顔つきで私を凝視していました。彼の目は光っていました。他の生徒は、間の抜けた拍手を始めました。私はとても馬鹿馬鹿しくなって、この対決が始まる前に、彼と教室を出て行ったほうが良かったと思っていました。私が口を開いて彼に行くように命じると、彼は立ち上がり、ガタガタと椅子を後ろにやって、ラジカセのほうへ行きました。私は、彼が私にそれを投げつけるか、床に叩きつけるかもしれないと思いました。私は身動きせず立ったまま、「あなたがどっちにするか決めなくてはならないわ。私はあなたがなんとかここにいれたらと思うけど」と繰り返しました。自分の声が震えていることを私は感じていました。彼は、ラジオを頭上に持ち上げましたが、すぐに「ほんの冗談だよ」と言い、腕の下に挟みこむと、私を一瞥して微笑を送り、さっそうと事務室へ向かいました。

私は、残りの生徒たちに、落ち着いて教科書を出すように言いました。ライアンは十分ほど帰って来ませんでしたが、私は問題にしないでおこうと決めました。戻ってくると、クラスの子どもたちが、またからかうのを無視し、すばやく着席し、いつもよりずっと一生懸命勉強し、教えを求め、授業の終わりに問題集を採点してくれと言いました。休み時間になると、明るく「さよなら、先生」と言って出て行きました。私はこの変わりように面食らいましたが、彼を放り出さなくて良かったと思いました。

ディスカッション

セミナー・グループもライアンが教室を出ていかずに引き下がったことに困惑し、この出来事の成り行きと気持ちの動きを理解するために努力しなくてはなりませんでした。発表者は、デザートの件に関するライアンの経験について、理解できた部分があると言いました。情緒的に恵まれていない子どもは、往々にして一番大盛りの食べ物を取ります。こういう子どもたちは皿にお残しをすることも多く、何でも充分あるからお腹がすくこともないし、全部たいらげる必要もないと、自分を安心させているかのようです。発表者の同僚のトレーシーは、貪欲と浪費の問題を持ち出すことで、知らず知らずのうちに、誰かが屈辱を感じるような状況を作り出していました。発表者は、同僚が犯したミスを理解できて笑っていましたが、数分後には自分自身が、ライアンを晒しものにするという、まさに同じミスを犯していたのでした。昼食時の屈辱のあとで、ライアンはまだピリピリしていたので、普通の頼まれごとも耐えがたい辱めとして体験し、彼は自分が「まぬけじゃない」と証明する方法を必死に探そうとしていました。クラスの他の生徒たちは、またもや自分たちの気持ちを彼に投影できる機会を得たのでした。彼らのほとんどは、剝奪的な母親イメージか完全に無力な母親のイメージを教師に転移しており、そのような教師に立ち向かうように彼を煽っていました。彼らの応援で大胆になって、ライアンは自分が愚かだという感情を教師のなかへ投影できました。このとき教師は、自分はとても愚かで困った状態にいると感じていました。一旦、困惑の感情を教師に投げ込むと、彼はもう少し余裕を持って考えることができるようになり、事態は変わりました。

セミナー・グループは、この状況の解決の仕方は生徒たちにとって役に立つものだったのだろうか、あるいは教師が恥をかかされなければならなかったのだろうかという問いを考えてみました。教師をひどい目にあわせて良い気分になることは、ライアンにとって良くないことでしょう。彼は勝ちました。クラスは、どちらが勝つかとか、どちらが我を通すかという戦いの物語の演目に、完全に引き込まれてしまいました。そこには必ず勝敗があるのです。ライアンは、悪態をついて罰を受けずに済んだのです。つまり、教師の負けでした。しかし結局、彼はラジカセを持って行きました。とすれば、多分、教師の勝ちでしょうか。教師は、屈辱的に感じたというよりも、ホッとしたことを明らかにし、これを肯定しました。グループのなかには、発表者がクラスの他の生徒の行動に対処すべきだったし、特にデービッドが勉強を始められるように支持すべきだったと感じていた人もいました。

実際にこの状況を平和な結末へ導いたのは、観察者が感情的にヒートアップしている最中においても考え続けることのできたことであり、そのような力を彼女が持っていたおかげのように思います。教師は、ライアンの挑発に反応しなかっただけでなく、自分の気持ちをじっくり考えて、その袋小路からライアンと自分を助け出す道を考えようとしていました。創造的に考える教師の努力は、たしかにライアンに伝わりました。そして彼は自分自身袋小路から抜け出す方向へ歩みを進めることができ、教室に戻り一生懸命勉強することで、教師の努力に報いたのでした。彼の十分間の不在は、もしかすると彼のことを弱虫だと考えているかもしれない同級生への挑戦の表明か、あるいは多分、教室に戻るまえに十分にクールダウンするのに必要な時間だったのです。授業の残りの時間の彼の態度は、横柄なものでも、勝ち誇るいじめっ子のものでもなく、まじめな生徒の態度でした。

まとめ

よく精神分析の考え方に向けられる非難は、精神分析は個人の行動の責任を問わず、あるいは、もっとひどいのは、子どもの生育歴から親を非難することで、非行を正当化しているというものです。本章の目的は、精神分析にのっとった厳密な観察を学級担任が活用できる様子を示すことで、こうした非難がいかに誤っているかを示すことでした。精神分析的な観察の有用性は、互いに重なり合う二点に集約されます。第一に挙げることのできるのは、教師や他の専門家たちが、それぞれが与えられた条件下で働かなければならないなかで、実際の現場のなかで瞬間瞬間にどう対応し何ができるかという点での有用性です。無意識的なコミュニケーションに対して心を開き、パーソナリティの発達や集団力動の理論的概念を参照しながら、その状況を考えることができることは、こうした点で役に立ちうるのです。第二に、教師としての自分の体験をじっくり考え、それについて何らかの理解ができること、つまり何が誰に属し、何を変えられ、何を変えられないかを区別できれば、安堵が得られるということなのです。

第八章　特別支援教育

本章では、普通の学校（mainstream school）のなかで、特別支援教育（special educational needs）が必要な子どもに取り組むことにまつわる問題のいくつかに注目していきます。過去十年から二〇年にわたる統合教育政策の結果、学校で働く専門家の数が急増してきました。いま特別支援教育コーディネーター（SENCO）（訳注13）は、数々の専門家チームの調整役を務めています。そのチームには、クラス・アシスタント（訳注14）、サポート・ティーチャー（訳注15）、学習メンター（訳注16）、ホーム・リエゾン・ワーカー（訳注17）、行動障害サポートチーム（behaviour support team: BEST）（訳注18）、親ボランティアなどがいます。新たなスタッフにはそれぞれ固有の役割が定義されており、教師は彼らと一緒に働くのに慣れねばなりません。多くの場合この制度は、とてもうまくいきますが、そのために必要な条件もあります。その一つが、大人同士のとても高いレベルの相互理解と協働です。

「特別支援教育」という言葉は、とても広範囲の教育上の困難をカバーしています。私が「困難」という言葉を使った瞬間に、統合教育の精神を誤解しているという非難に身をさらしているのは承知しています。統合教育の精神は、特別支援教育を必要とする子どもが「難しい」とか「問題である」と見なされるべきではないという願いに基づいています。このような子どもは、学校社会に特別な何かを提供してくれていると見なされるべきだと考えられています。すべての子どもは適切な教育機会を与えられる権利があり、能力がさまざまである子どもたちが一緒に学んでいく混合学級での教育が最良の社会教育である、という考えに意義を唱える人はほとんどないでしょう。しかし実際には、特別支援が必要と判断された子どもは、他の子どもとは異なる特別なことを必要としており、それゆえ学校に課題を提示しているのです。特別支援教育法が適用される範囲は、多様で一つ一つが違っていて別々の領域なのです。「特別支援」の必要な部分には、器質的なものもあれば、完全に身体的なもの、心理学的あるいは情緒的なもの、環境的なもの、一時的なものや慢性的なものまであります。

障害がはっきりと確認でき外見的に明白なとき、そこに生じる問題をいくつか探索していきたいと思います。こうした考え方が、他の形の「特別支援」の考えにも関連するのが明らかになると思います。

心身に障害のある子

特別支援学校はまだ存在しています。通常学級では対処できないために、そうした専門家のケアを必要とする状況

(訳注13) Special Educational Needs Coordinator. 教師の役割分担ではなく、近年できた学校現場における専門職の一つ。特別支援教育コーディネーターのキーパーソンとしてケースワークと学校現場職員の啓蒙活動（研修・コンサルテーション）をしている。

(訳注14) Classroom assistant. 現場によっては、teaching assistant, learning support assistant とも呼ばれ、learning difficulties（学ぶことの困難）や learning disabilities（学習障害）を抱える子どもの学習をサポートする。

(訳注15) Individual support teacher. 普通学校に所属する learning difficulties（学ぶことの困難）や learning disabilities（学習障害）を抱えた子どものアセスメント、学習補助、ケースワークを行う。教師資格が必要で、また二年以上の指導経験が問われる。

(訳注16) Learning mentor. 学校のなかで、たとえば、ある教科のある部分だけがどうしても分からない子どもがいたとしたら、授業中や休み時間等にその子の理解を助けたり、友達作りに困っている子がいたとしたら休み時間一緒に遊んで友達の輪を広げようとしたり、子どもとおしゃべりするなかで、いろいろアドバイスをする役割の人。教育熱心な保護者や退職教師、子育てを終え定年した人たち、などがこの役割につくことが多い。

(訳注17) Home-school liaison worker. 子どもの福祉・教育に関心がある人を雇い、家庭と学校の関係を円滑にする役割を担う。

(訳注18) Behavior support team. 自治体の多職種混成チームで、各学校に派遣される。概ね次のような専門職で構成される。臨床心理士、教育心理士、教育・福祉行政官 Education welfare officers、訪問保健相談員 Health visitors、プライマリ・メンタルヘルス・ワーカー、養護教諭、社会福祉士など。学校で情緒的／行動的問題を抱える生徒のアセスメント、治療、ケースワーク、親への支援など多方向からの援助を試みる。

が少しは認識されています。ヨーロッパにはそうではない国もあり、特にイタリアでは、子どもは皆、校区内の学校でケアされなくてなりません。本章で、私は、特別支援学校ではなく、むしろ普通学校のなかで個別的な配慮を必要とする子どものサポートをしていくうえで、スタッフが共に働こうとする時に起こる力動をいくつか詳しく見ていくことにします。まず私は、イタリアで「ソステグニ（sostegni）」（普通学校で障害のある子どもの支援をしている経験豊かな教師）向けに開かれた短期講座で出された事例をいくつか挙げてみたいと思います。彼らが対処しなければならない障害の程度は、時には深刻なものでした。しかしイタリアの教師が直面している問題の多くは、わが国のサポート・ティーチャーやクラス・アシスタントを悩ましている問題そのものでした。

協働すること

二人以上の大人が一緒に働いていて、競合の問題が出現しないことは、多分ありえません。誰がしきるのか？　どっちが教師として優れているのか？　子どもたちは、どっちの先生が好きか？　大人がこうした緊張に気づき、何らかの理解に達していても、特別支援教育を受けている子どもは、たぶん大人たちの防衛をうまく操り、大人同士の分裂を露呈させることがよくあります。特別支援を受けている子どもは、転移のなかで、一人の教師を肯定的な特性の持ち主、もう一人の教師を否定的な特性の持ち主とみなします。多くの場合、子どもたちはサポート・ティーチャーに対しては拒否的でありながら、担任の言うことはよく聞いたり、反対にクラス担任の権威や自信を失墜させるようなやり方で補助スタッフを「特別な」教師として理想化するかどちらかです。クラス担任は、クラスを訪問してくる補助教師は、簡単な仕事なのにご褒美をみんな持っていき、自分は後始末をさせられると感じるかもしれません（離別した父親を子どもに会わせた後、その後の子どもの気持ちの後始末をさせられる母親にそっくりです）。この種の競争心のために、やがてクラス担任が訪問してくる補助教師にひどい扱いをするようになり、無視したり雑用をすべて引き受けてもらいたいと思ったりします。すべてではありませんが、この難局のいくつかは、特別支援を受けている子どもや特別支援それ自体についての感情が、未消化だったり消化不能である結果として生じています。

感情の両価性

ワーク・ディスカッション・セミナーから際立った事例を引いて、教師の体験に関わる点をいくつか説明していきましょう。普通学校で働くイタリアのサポート・ティーチャーが、重複障害をもつ男の子の支援について報告してくれました。十三歳の少年ロベルトは、耳も目も不自由で、身体的にも膀胱や腸のコントロールができず、補助があってやっと歩ける状態でした。彼は奇妙な声を発し、手の届く範囲内に近づく者は誰でも激しく叩きました。サポート・ティーチャーは数年のあいだ彼の担当で、彼女は近づくことを許された数少ない人間の一人でした。思春期になると、ますます彼は、間近に彼女を抱きしめたいと切望するようになり、毎日学校で数時間を過ごすマットレスに彼女と一緒に横になろうとしました。セミナーではそのサポート・ティーチャーは、生徒が「幸福で」学校を楽しんでいると強い熱意をこめて主張していました。彼女はその少年を大好きだと言い、彼の母親は拒否的であると考えていました。彼女は、クラス担任や学校の健常児たちが否定的な反応をするので、腹が立っているとも言いました。彼女は、ロベルトが彼女のことをどう感じているかは障害のためにほとんど分からないし、また感謝しているかどうかも分からないが、自分の仕事はやりがいがあると、彼女は力説していました。

私が、「この子と毎日一緒にいることは、やりがいがあるだけではないかもしれないね」と言うと、セミナー・グループ全体からどよめきが起こりました。彼らが向き合っている子どもに、どれだけ熱心に関わっているかを私が理解していなかったのでしょうか。私は、理想化しすぎた絵のように思えるものに疑問を呈しつづけ、生徒について愛憎半ばするような両価的な感情表現をするのが、なぜそれほど難しいのかと問いかけていきました。発表者はついに最近は重苦しい気分で目覚め、やっとの思いで仕事に行っていると告白しました。とても後ろめたく感じていたので、それを誰にも話していなかったのでした。これに導かれてセミナー・グループは、自分の陰性感情をいくつか声にできると感じ、こうした感情を認めたくなかったのは、子どもへの嫌悪感や憎悪に圧倒されることへの恐れ、すべての希望や自尊心の感覚を失うことへの恐れから生じていたのだと気づきました。そうして、教師がこのように感じていること自体、同じように陰性感情を否認しなくてはならないと感じている、子どもやその親の体験を映し出しているかもしれないと考えられるようになっていきました。学校で会っているだけの教師が、いくら熱心にロベルトを世話しても報いられず、やりがいがないと感じていることを考えれば、彼の母親はどんな体験をしてきたのか想像できるでしょう。

この講座に参加しているイタリア人教師にとって、このセミナーは非難され続ける心配なく、あらゆる感情を表現できる安全なスペースになりました。これは、他のグループ・メンバーを知り信頼し、共通の基盤をたくさん見つけた結果でもありました。しかしもっと重要なことは、セミナーでじっくり考えるというスペースで自信が増し、精神分析理論についての理解が増大してきたということです。投影や転移と逆転移といった概念は、治療的関係や教育的関係におけるマイナスの事柄や失敗のすべての責任を、一身に背負っているという気持ちから解放してくれます。サポート・ティーチャーに何が投影されているかを考えることができたので、セミナー・グループは、「うまくいってる」と言うか「ダメ」とか「ここが悪い」と非難するかという単純な思考パターンから離れられたのです。逆転移を理解し、自分自身のなかから来ていること（自分自身のコンプレックスや不安や恐れ、そして固まった行動パターン）を特定し、それとは別の、生徒からやってきたものは何か（生徒からの非言語的コミュニケーション）を考えられるようになると、サポート・ティーチャーはとても強力な情緒的体験となりえるものの意味が分かるようになります。

障害の意味

子どもにとって障害があるとは、どんな意味を持つのでしょうか。また援助職や教師にとって障害児のために仕事することを選んだことには、どんな意味があるのでしょうか。特別支援をする教師の反応は、しばしば防衛的です。当然、彼らは自分の仕事に誇りをもっています。しかし先の事例で見てきたように、私たちを悩ませている多くの情緒から、その子どもは免除されている、あるいはその子どもはあらゆる非難から守られるべきである、などと、子どもを理想化する傾向があります。サポート・ティーチャーは、生徒と互いに理想化しあうペアになるポジションにあまりにも安易に入り込み、あらゆる不満や失望を周囲の人に投影します。このポジションでは、サポート・ティーチャーは自分こそが子どもの唯一の味方だと見なして、親や普通の教師に批判的になっていきます。

子どもの特別支援をしている人々のもう一つの傾向は、特別支援をしている子どもに同一化していくことです。サポート・ティーチャーは、学校組織の辺縁に位置する大人になって、自分の生徒が仲間から孤立しているように、自分も同僚から孤立していきます。生徒自身や生徒の家族から投影された失望や絶望で、教師は押しつぶされることもあり、生徒の将来に絶望的にもなりかねません。私は、不登校の子どもを学校外の施設に集めた教室(訳注19)で教えていたとき、あっという間にクライアント集団である生徒に同一化していきました。そして巨大で騒がしい学校に入っていくことにほとんど恐怖症的となり、自分が実質的に普通の教師のキャリアから締め出されたと感じたのを覚えています。そこの生徒は私たち教師に、「どんな悪いことをしたために、学校の外に追いやられてこんなところで働いているんだい？」、つまりなぜ「ちゃんとした先生」になれないのかと、よく尋ねてきたものでした。

（訳注19）日本の「適応指導教室」のようなものと思われる。

二次障害

「二次障害」とは、ヴァレリ・シナソン（Sinason, 1986）の造語で、身体障害や学習障害の子どもが、人が持つ自分に対する低い評価に合わせて、自分の障害をさらに重くすることです。シナソンが強調しているのは、極端な場合、障害児は、現実に自分に対処できることと不可能なことを区別して成長しようと奮闘するのではなく、何も努力せず単に何もできないし分からない子どもになるというのです。シナソンは、特別支援が必要な子どもが、介護者や教師の落胆や絶望の気持ちに鋭敏に反応する様子を記述しています。子どもが努力をせず能力以下の成果しか挙げない時に、教師はさらに期待を下げてしまい、それに反応して子どもはさらに努力をしなくなるというような、悪循環が教師と子どもとのあいだに確立されてしまう場合があるのです。

教師と生徒のあいだのこの無意識的馴れ合いは、イタリアでの講座でとても明確に表れたテーマでした。やる気をそがれていた教師を次第に支えて、子どもにチャレンジを与え、達成感を与えるような適度の目標を設定できるようになっていきました。多くの事例報告を通じて見えてきたことは、特別支援の必要な子どもたちは、自分たちが自力でできることはほとんどなく、通常の課題に取り組むのを期待するのは、残酷行為だと周囲に確信させているという状況でした。中には、単に普通にしてはならないことをしてはならないという制限を設定するくらいのことも残酷なことであるかのように周囲は感じさせられていたのでした。子どもが実際の身体的・精神的苦痛に苦しんでいると（セミナーで示された子どもの多くがそうでしたが）、子どもは甘やかすべきで、絶対に欲求不満を与えてはいけないと信じ込む罠にたやすく陥ります。さらに生徒に普通の礼儀正しさを期待したり、服を着たり食事を切り分けたりといった普通の課題も、できることはやるべきだと要求するのは、むごい仕打ちではないと受け入れるのが難しいと教師たちは感じていました。

障害と折合いをつけること

障害をもった子どもにとって、人生で一番つらい面のひとつは、自分自身の状況に折り合いをつけ、仲間の能力への羨望や憤りの感情を処理することです。リンダ・ミラー（Miller, 2004）は、多くの障害者にとって、自分の障害を自覚するのが、両親の目のなかに失望の色を自覚することから始まる様子を記述しています。もし子どものケアをしている家族や他の人が、子どもの不安を抱えられないと、子どもは、自分や人に非常に批判的な態度や感じ方を持つようになり、子どもが公教育に入る頃には、それは容易に変わらないものとなります。彼女は次のように書いています。

> 厳しくて批判的な超自我の形成は、知的障害の若者の心理治療でよく見受けられるような、とても低い自己評価を生み出します。こうした自分についてのひどく否定的な見方が、知的障害の若者に、排除され望まれぬ部外者として、できれば人の目に触れない社会的役割を進んで演じさせます。彼らは、基本的な自己意識が損なわれており、健康な知的能力が成長するはずもないと感じてしまっているので、心の発達や学ぶ能力も伸びなくなっているかもしれません。（pp.84–85）

英国の学校における統合教育政策は、障害のある子どもが孤立するのを最小限にするよう計画されているのは明らかです。これは多くの点で目標を達成しており、全体として学校の生徒たちに障害への気づきと許容力を育てています（集団力動の詳しい議論については、第九章と第十章を参照）。しかし、障害のある子どもが、自分と自分より能力のある仲間との差にたえず気づかされるということも意味しています。これは、特別支援を必要とする子どもたちに、自分の障害を否認し、逆に自分は何でもできるといった形で防衛的に万能感的な態度をとらせる場合もありますが、多くの場合、彼らは絶望に近い苦しい自己批判に陥ります。支援スタッフは、子どものために希望を捨てずに抱き続けなくてはならない人であるのが普通で、子どもの発達を最大限にして自己評価が高まるように、子どもに課す課題を構造化する責任があります。

多くの場合、サポート・ティーチャーは子どもを細かく観察し、子どもが障害と折り合いをつけるという問題との関連で、子どもからの無意識的なコミュニケーションを理解しようと努力します。そうすることで、サポート・ティーチャーは、子どものために重要な機能を果たしているのです。支援スタッフが不安を抱えることができ、羨望や怒り、恨みなど、時として強力なコミュニケーションに耐えられるなら、支援スタッフは子どもがこうした感情を克服して、もっと現実的な自尊心を発達させるための援助を始められるのです。

発達段階

サポート・ティーチャーにとって統合教育の利点は、普通学級の子どもが通常期待されることに触れていられるということです。そして発達段階に含まれる多くの課題が、ほかの生徒と同じように、自分の担当する子どもにも当てはまるということを思い起こさせられるのです。特別支援の必要な子どもと関わっていない人々は、障害が発達をとめていると考えたり、身体的なものにせよ情緒的なものにせよ変化があってもそれに気づかない傾向があるとイタリアの教師たちは話しています。彼らは、発達上に成果があったと気づいたとき、どんなに嬉しかったか、また通常の発達とは異なった順序で起こったり、あるいは遅れたりするような発達を捉えることのできる発達の指標のモデルが必要だとどれだけ感じているか、例を挙げながら話してくれました。

イタリアのセミナーでは、重度の障害がある子どもが思春期になって、その初期の徴候がでるとともに生じる不安について、議論が活発になされました。親は、思春期の変化に伴う情緒の発達や体力の増加や性の目覚めのインパクトを恐れているので、この大きな変化に対する心構えがなく、子どもにも準備させていません。さらにそれは、恐らく将来、子どもが成長したときの世話について、両親が辛い決断をしなくてはならないことをそろそろ考え始めないといけない時期が来たことを告知しています。なかには生徒の自慰行為を無視しようとしたり、身体的な愛情表現は性的意図をまったく欠いたものと考えるようにしていたと認めた教師もいました。障害のある若者は、他の人たちのように、自分の性的欲求にうまく対処したり、社会的に許容される範囲で行動するように援助される必要があります。同時に思春期の要素のなかには、歓迎され促進されうるものがあり、若者が自分の考えを表現し、可能ならば自分で選択するように促されるものもあります。

それほど深刻ではない障害の若者がしばしば訴えるのは、小学校では自分が本当に仲間の一部だと感じられ快適だったが、中等学校に入って世界がひっくり返ってしまったということです。中等学校は、もっともっと大きくて騒々しく、生徒はたくさんの本と勉強道具を持って、急いで建物のなかを移動しなくてはなりません。まったく違う雰囲気があり、自分の外見やファッション、社会生活のための準備などに、若者は心を奪われ始めます。こうした体験の一部や全部から自分が排除されていると感じる人にとっては、これはとても辛い体験となりえます。しばしばこの時点で、普通の学校ではやっていけなくなり、生徒は再び自分の障害ゆえの制限と折り合いをつける状況に直面するのです。

親との関係

すでに本章で触れたように、学校と障害のある子どもの親との関係性が、複雑になることがあります。競合が生じるのはとても一般的なことで、何が子どもにとって最適かを知っていると信ずる学校側が、母親を無関心で放任だなどと不当にいろいろと批判をすることがあります。一方、母親が学校を職務怠慢であるとか、かまいすぎ、過干渉と見なすこともあるでしょう。ときどき親は、子どものために戦いを始めて、自分の怒りや失望を処理しようとします。少しでも治療や援助の機会が奪われないように、強く心に決めるのです。セミナーに参加したイタリア人の教師たちは、身体的障害のある子どもを授かったり、幼児期になって知的障害があると判明した子どもの親の体験について、深く考えたことはなかったと認めています。授かった子どもが自分たちが期待していた子どもではなかった失望と悲しみの気持ち、そしてそのような子どもを受け入れなくてはならない両親の気持ちを、セミナーのなかで共に考えるのは有益でした。辛いことですが、とても重要なのは、親は愛情や献身の気持ちはもちろんのこと、自分の子どもへの憎悪の感情にも対処せねばならないのを認識することです。教師は一日数時間を子どもと過ごすのですが、家族は毎年毎年、毎日毎日、障害のある子どもと生きているのだということを、ただ思い起こすだけでも有益です。親は心の傷を抱え、疲れ果て、意欲を失っています。教師が、親に対して批判的な気持ちを持つときに、このことを思い起こすのは役に立つのです。

このテーマと関連して、トルーディ・クラウバー（Klauber, 1998）が自閉症圏の子どもを持つ親への援助について論じています。そこで注目しているのは、しばしば親が心的外傷後ストレス障害の一種に悩まされており、診断前の診察や診断そのもののトラウマを繰り返し経験しているというのです。クラウバーによれば、子どもの存在そのものがトラウマの体験を蘇らせてしまうので、親は子どもを憎むようになります。そうすると、親は子どもへの憎悪に対して罪悪感を抱くようになり、逆に、子どもの要求に無条件に応えることで、罪悪感を過度に償おうとしてしまうのです。子どもがあまりにも脆弱で無防備なため、標準的な制約は受け入れられない。そういう仮説に周りの者は異議を唱えられないので、障害のある子どもが学校と家庭の両方、またはどちらかで専制君主になりうるという点から、クラウバーは前述の事柄を強調しています。

他の特別支援のニーズへの応用

普通学校で、外見上の障害はないが、もっと援助が必要で、援助を受けている子どもの特別支援のニーズについて考えるとき、ここまでの議論はどれほど役に立つでしょうか。この点をもう少し論じて本章を終わりたいと思います。上述の力動の多くは、サポート・ティーチャー、クラス・アシスタント、親ボランティア、その他の普通学校への「訪問者」と、担任教師のあいだに起こります。「特別支援」が必要と判断された子どもは、教師や援助職、仲間からの投影を引き寄せる磁石になります。個別の子どもの発達を促進しようとしている人と、大多数の子どもの進歩に責任がある人とのあいだに、分裂が展開しえます。特別支援は、あまりにも安易に、厄介なもの、全体としてのクラスの進歩への妨害、もっと悪いと、人材を投入するだけ無駄と見なされます。おそらく、まだ診断されていないか診断ができないような条件があると、特にそうです。ですから親の多くが、困難を持っていたり困難を引き起こす子どもに積極的にレッテルを貼ってもらおうとするのは驚くことではありません。

読書障害、協調運動障害、ＡＤＨＤ（注意欠陥多動性障害）、意味理解障害、アスペルガー症候群などの診断が急増していることは、必ずしもこうした疾患の発生率の増加を示しているとはかぎりません。レッテルを求めることは、学校が子どもの特殊なニーズに適切に応えようとするときに、追加の人材を確保するために必要な方策となることもあります。しかし私は、正式な評価や診断のプロセスが、時には親や教師に、無意識的に子どもの障害から距離をとらせるよう機能してしまうということに注意を促したいと思います。特別支援教育の書類を手にいれることは、複雑で手間がかかり、いくらか面倒なものです。逆に、そうすることが、情緒的体験に携わる辛さを避けることのできる無意識的防衛となりえるのです。

おそらく障害が、主に行動に関わるような場合はとりわけそうでしょう。ほかのところで私は、「教育・行動障害

（ＥＢＤ）」の研究について書いたことがあります（Youell, 1999b）。こうした困難を持つ子どもたちは、ある特定の種類の覚醒亢進や神経過敏になりやすいことを示唆しました。彼らが、実際の外的な出来事によって心的外傷を受けているかどうかに関わらず、ＥＢＤの子どもたちは、心的外傷後ストレス障害の多くの症状に苦しんでいます。こうした子どもにとって、感情の状態は突然急変しがちで、行動を考えコントロールする能力ははるかに遅れをとってしまいます。何の前ぶれもなく急速に、彼らの内的な状況は変化してしまうのです。こうしたことにより、彼らは、外的世界に対処するやり方を適切に発達させることができずにいるのです。

場合によっては、たとえばＡＤＨＤやＥＢＤといったレッテルが、子どもの情緒的体験や関係性の特性、内的世界の特性について役に立つようなかたちで考えることに取って代わってしまいます。ときとしてレッテルや診断をうけることは問題が解決されることと混同され、問題が分かったことが、あたかも自動的に対処方法が分かったことを意味するかのように思われるのです。子どもに関わる人々にとって、子どものことを心配したり子どもに混乱させられたりし続けながら、子どもに関するいろんな理解や考えを蓄えていき、役に立つ考えや理解が出現するのを長い間分からないまま耐えることは、とても大変なことです。ＡＤＨＤと診断された子どもに薬物治療を受けさせることは、確実性と解決を求める声に具象的な形で応じる絶好の例です。現在では、それぞれの診断を持つ子どもグループのニーズに応えるために、考案された教育や行動のプログラムにたくさんの種類があり、それを利用できます。多くは、よく研究されており内容も豊富です。しっかりと構成された作業計画、行動調整プログラム、適切な薬物の使用は、教師や子どもに「抱えられる」経験を提供します。しかし私の見解では、はるかに重要なのは、意識的および無意識的コミュニケーションが思慮深く探索された時に達成される、教師と学習者と親と教育機関の関係性のなかでの抱えられる経験なのです。

第九章　学校の集団力動

私たちは、人間として、性別や民族のように私たちにアイデンティティを与えてくれる集団に所属しています。私たちは家族という単位に所属し、自分を定義し生きる意味を与えるのを助けてくれる他の集団の一員になることを求めるように運命づけられています。集団に属することで、私たちは人と協力したり、己の強みや弱みについて現実的になれるよう鍛えられますし、他者に助けられていることを認識し、違いに耐えることを学びます。

学校という組織は、それぞれが独自の課題とアイデンティティをもっている数多くの集団から構成されています。集団はそれぞれが複雑な回路で他の集団につながり、さらに組織全体につながっています。一般社会とまったく同様に、集団には一時的または恒常的に集まるもの、共通の体験や目的に基づいて非公式に群れるもの、会員資格や行動を管理する明確な形の規約や構造を持つものがあります。

ちょっと立ち止まって、平均的な大人が任意の仕事の日に、どれだけの集団と関わるのかを考えてみると面白いでしょう。ある講座のソーシャル・ワーカーのグループがこれについて考えるように頼まれて、一人が次のようなリストを作りました。家族の一員として、子どもとパートナーとやや慌しい朝食をともにすることから始まる、と彼女は言いました。彼女は、角を曲がって学校まで子どもと歩いて行き、校門のところでお母さんグループと少し合流し、学校給食の危機について話しました。地下鉄のなかでは、他の乗客をグループとはあまり考えませんでしたが、列車がトンネルのなかで止まり、何とも言えない不安を共有して、数人が目を合わせた瞬間がありました。職場では担当地区の同僚がかたまっている一画にある机につき、そのあと子ども保護のためにケース会議に行って、諸機関からのさまざまな専門家と公式の会議を持ちました。この後、彼女は二人の同僚と急いで昼食のサンドウィッチを食べに出かけ、それからチーム・ミーティングに出ました。チーム・ミーティングの後、彼女はチーム・リーダーにスーパービジョンを受けて、二つの家庭訪問先に行き、それぞれの家庭で三〇分ずつ費やしました。帰宅すると、子どもの夕食の準備をしてから講座に出かけて来ました。そしてここで、受講生仲間のなかに座っています。どの経験が集団力動という点でもっとも難しいかと尋ねられて彼女は、多様なメンバーと難しい仕事がともなうケース会議だと即答しました。チーム・ミーティングが僅差でそれに続くのでした！

子どもの典型的な登校日の流れは、それ以上とは言わないまでも、集団生活という点では同じくらい大変なものと見なせるでしょう。たとえばある五年生の男子を想定してみましょう。彼は家庭から学校への移動で一日が始まります。運動場で、彼は友達と始業ベルが鳴るのを待ち、そのあとクラスで集まって並びます。教室で出席をとった後、朝礼にいき、そこで教職員と子どもたちという全体としての学校の一部になります。教室に戻ると、最初の三〇分は全体での学級活動に費やされ、そのあと小グループに分かれて個々の課題に取組みます。遊び時間になり、六年生の男子の集団とサッカーをしますが、別の六年生の子が選ばれると彼は外されます。その後、彼のクラスは他の五年生のクラスに合流してホールで歌の練習をします。そのあと彼は、クラスの半分と一緒に図書館へ行ってから教室へ戻り、そこから食堂へ行きます。彼はいつもと同じ小さなグループでテーブルにつくのですが、今日はそこへ教師が二人加わります。午後には、小グループで理科の活動があって、次に体育で、それから担任を囲む時間があって、最後にカーペットの上でクラス・アシスタントと一緒に読み聞かせの時間があります。学童クラブでは、いろいろなクラスから集まってきた子どもたちと一緒に座って、おやつのあとで近所の友達と遊びにいくのに文句を言われないように、宿題を済ませてしまおうと努めます。

こういったさまざまな複雑なグループ設定に対処できるためには、自分が誰で、そこで自分は何をしないといけないか、人から何を学ばなくてはならないかについて、かなりしっかりとした感覚を子どもは持たねばなりません。フロイトによれば、これは家族集団から始まる課題で、その後すべての集団生活の原型となる体験なのです。上述の日では、少年は小さなグループから大きなグループへ、教師が先頭にたつグループから特定のリーダーがいないグループへと移ることができなければならないことが分かります。つまり明確に定められた課題を持つ集団から、ほとんど無作為な個の固まりにしか過ぎない集団へと移らなければならないのです。彼は、同級生と時間を過ごし、そして運動場では少しのあいだ年長の少年の集団に加わります。さらに大人の出現と消失にも、対処しなくてはなりません。朝礼のときの教職員たち、昼食のテーブルをともにする教師、午後の時間の最後では教師がクラス・アシスタントに引き継ぎます。グループは、年齢や性別、学童クラブに残らなければならないか、それともまっすぐ帰宅するかといった要素に基づいています。この子どもの一日の集団では、特定の能力の違いに基づくものは比較的少ないのですが、サッカーの試合では、プレイの下手な子が許容されることはなさそうです。知的能力に加えて性格的な側面をふくむ能力や適性で、教師が小集団の課題を組織しているという場合もあります。

学校とは、学ぶことと教えることが結合した課題の周辺に集まる大きな集団であり、一つの組織です。これまでの章のなかで強調したように、学ぶことと教えることには必然的に不安が関わります。精神分析的に見ると、集団の一員であることにも不安が関わります。ですから学校には二倍の試練があり、二倍の量の不安に対処することが要求されているのです。学ぶ機会を提供するときに大切になるのは、付随する不安を対処しうる範囲内にとどめることです。そしてそれは集団生活でも同じなのです。どうやって子どもを、集団生活にうまく導いていくことができるでしょうか。どうやったら、自分の不安や複雑で強力な集団力動に対処できるように援助されうるのでしょうか。

否定できない事実は、子どもだけでなく大人も含めて多くの人が、集団をとても恐ろしいものだと思い、それを避けるために最大限の努力をするということです。とりわけ新しい課題に取り組まなければならない状況で、新しく集団ができる場合にそれが言えます。大人の生活では、社会規範で許される範囲にとどまりつつも、集団への参加を控えるやり方があります。なかには自分は社交的じゃないと率直に言う人もいますし、集団やチームや会などは「やらない」という人もいます。人里離れたところに住み、人間などよりはコンピュータや機械中心の仕事につくのを選ぶ人もいます。社交的な世界から極端に逃避している人もいます。俗世から隔離された修道院の尼僧と話したことを覚えています。修道女になった動機の一部は、社会的な関係性からの逃避だったと、彼女は認めました。彼女は皮肉っぽく笑って、修道女仲間との関係性は単純明快だろうと想像したのは馬鹿だったと話しました。

社会からの孤立は、かなり危険なことになる可能性があります。学校やコミュニティで、連続殺人や大量銃撃の罪を犯した人の多くは「はぐれ者」、「変わり者」、「孤立者」と評されます。彼らは自分だけの考えや感情で生きてきており、彼らの心は集団生活がもたらすような捌け口や圧力計がない圧力鍋になっていくのです。

ヘイミッシュ・カナム（Canham, 2002）は、集団心性について論じるなかで、集団生活の不安がうまく抑制できれば、成長や発達にとってこの上ない機会となると指摘したことがあります。また、ヘイミッシュは、精神分析の文献では、集団の創造的潜在能力よりも、個人が集まることの破壊的な可能性に焦点をあてる傾向があると示唆しました。

> 私が述べてきたことは、集団生活のよりプラスの特性であり、そこでは、投影のプロセスは最小で、メンバー同士のお互いへの配慮があります。そしてそこには、それぞれの個人にじっくり考える能力が残っており良い雰囲気が優勢なのです。こうした集団生活のプラスの側面が、家族や仕事や友情の集団のなかにいることに喜びと意味を与えます。そして、こうした集団の持つ創造力の可能性は、個々のどのメンバーの力も上回りうるのです。
> （Canham, 2002, p.114）

精神分析理論と集団

ウィルフレッド・ビオン（Bion, 1961）の集団力動についての理論は、第二次世界大戦後の英国で、精神分析家として集団精神療法を行った経験から生まれました。彼は精神分析理論と集団力動をまとめた最初の人で、過去五〇年以上にわたって、彼の考えは多くの発展や応用の基礎を築いています。集団や組織について考えるためのビオンの語彙は、今もまだ広く使われており、他のどんな状況とも同じように学校でも意味を持ちます。

課題集団（Work group）と基底的想定（basic assumption）

ビオンは集団を、何かを「する」目的のために集まった多くの個人と見なしました。彼は、うまく機能し課題遂行中の集団を「課題集団」の心の状態にあるとし、課題離脱中の集団については、「基底的想定」行動を優勢にさせてしまっているとしました。彼は、数種類の課題排斥現象や基底的想定現象について、それぞれのルーツは不安にあり、その不安は集団によって抱えられる（考える）ことができず、集団のメンバーから他のメンバーへと投影されていると考えました。彼が提唱した三つの基底的想定のタイプの一つ目は、依存です。それは、メンバーが希望や能力を指導者に投影し、それゆえ受身的で依存的になっている状態を指します。その集団はもはや集団としては機能せず、なんら疑問を持たない追従者の一団となります。二つ目の基底的想定のタイプでは、その集団は希望的なものすべてをその会員同士のなかで生じたペアのなかに投影します。このペアは、創造的で生殖的なカップルとみなされ、集団を救う救世主的な責任が与えられます。三つ目の基底的想定のタイプは、闘争・逃避です。そこでは不安が課題外のものに向けられ、集団内部の脅威や怒りを集団で同意されている課題とはほとんど無関係の標的へ向けるために指導者が出現します。

以上のことを、別な見方で見ていくこともできます。つまり、「課題集団」様式の集団は抑うつポジションの特徴を示しており、その一方、「基底的想定」の行動は妄想・分裂ポジションにより近く、そこでは分裂と投影が優勢である（第二章参照）という見方です。

原子価（valency）

ビオン（Bion, 1961）は原子価について、基底的想定の行動のなかで、個人が進んで集団で役割を果たすか、集団の一部となる傾向と定義しています。彼が提唱したことは、誰でも一種類か二種類の原子価をもっており、人間が他の人間と接触しているかぎりは、原子価から自由でいられることは、ありえないということです。

原子価の意味することについて、もう少し私たちの仕事の一日の様子を描くことで、私たちが個人として集団に何をもたらすか、つまり力動への私たちの無意識的貢献を説明していくことにしたいと思います。私たちのほとんどは集団のなかで、自分らしくないと思える、自分が全く意図しない行動をする自分に気づいた経験があります。私たちは自分が、あまりにも怒り、あまりにも動揺し、あまりにも毅然とし、あまりにも競争心をむき出しにすることにショックを受けるかもしれません。自分が異常に声高だったり、物静かだったり、挑発的だったり、懐柔的だったりすることに気づくかもしれません。社会集団では、私たちは急に軽薄で無謀になったり、むやみに用心深くなり、何でも反対するようになるかもしれません。こうした反応が本当にその人らしくないことなら、多分それは、集団の他のメンバーのパーソナリティの一部が強烈に投影されて、私たちがその受け皿になっている場合です。集団の他のメンバーは「馬鹿なまねをする」私たちのことを傍観しているのです。あるいは、少なくともそう思えてくるのです。どんな集団でも、いわば誰かが演じてくれるのを待っている役柄があります。しかし自分にはあるパターンがあることが分かってきて、集団のなかで自分がいつも特定の役割を演じ、特定のやりかたで課題から目をそらされてしまうことに気づくと、特定の種類の投影の受け皿にさせられている自分の原子価について、何がしかを理解したと言えそうです。自分の原子価、生徒や同僚の原子価が分かることは、それを意識の領域にもたらし、それを考えるために利用できるということです。自分自身の行動を変えていき、集団のなかで他の人々の行動へと影響を及ぼすことができるための第一歩なのです。

ビオンの理論は、教室や職員室での集団行動を考える上で、どれくらい役立つでしょうか。思うに、自分自身の行動および生徒や同僚の行動について観察的な姿勢を持てる教師にとって、ビオンの理論は、いくつかの概念を追加すればとても貴重な道具になります。まがりなりにでも一定のあいだ「課題集団」状態にとどまれる集団はほとんどありません。しかし集団の相互作用を観察することで、（参加者かどうかに関わらず）個人が、基底的想定の行動の起源について何がしかを究明し集団のメンバーの原子価を理解し、ときには集団が課題に戻れるよう介入することは可能になるのです。

規　則

集団が予期せぬか扱いにくい感情表現を避ける方法の一つは、規則や規制を作ることです。委員会には、議長や書記がいて議事があり、課題を与え、合意された制限時間内は集団を存続させようとするのです。「その他の事項」が正式の議題に加えられていて、メンバーは自分の関心事項を提起したり、会議に何らかの影響を及ぼせます。それは、ややもすれば制限される集団行事に、多少の自発性の余地をもたらします。しかし私たちは皆、会議で時間が延長されたり、議長が議事をコントロールできなくなったり、一人または複数のメンバーが会議を独占したり、結論に達しないという経験をしてきています。この種の会議の慣行が、その集団に枠組みを提供しますが、これによって、集団が、無意識的プロセスの衝撃から自由になるわけではありません。ありとあらゆる基底的想定の行動は、委員会を支配し任務外へと導きうるのです。

同じことは、もっとも規則に拘束された活動にも言えます。ゲームをするために集まる人々の集団は、それがテニスであろうとモノポリーであろうと、決められた規則に従うことに同意しています。しかし誰かが勝ち始め、誰かが負け始めると、感情はかき乱され、あらゆる種類の行動が噴出するかもしれません。競争的であることが明確な活動は、集団のメンバーが勝敗についての感情を処理することを求められます。勝ってあまりにも得意満面にならないように、そして誰かが誤魔化したと非難したりパートナーを責めたりしないで負けを受け入れるように、などです。対照的に、パブで気楽に一緒に飲む親しい友人の集団には、交代でおごりあう暗黙のルールがあります。しかし他の点ではその構造は緩やかで、誰がメンバーであるかも流動的です。話題は決まっていないので、会話はどんな方向にも行きうるし、無意識的力動をかきたてて喧嘩になることもありえます。他方、パブの集団の課題は比較的些細なこと、つまり一緒に飲むことなので、ほとんどプレッシャーはなく、したがって不安も最小限度でしょう。形式化された規則は必要ないのです。

学校と教室は、機能するために規則を必要とします。子どもは学校に着くやいなや、学校生活の基本的ルールを提示されます。これらには、たとえばお互いに傷つけ合わないなど、家族のなかで確立されていること（が期待されている）に加えて、なかには学校や教室に特有の規則が含まれています。多くの子どもがいること、多くの設備があること、そしてカリキュラムが要求することに対処できるように、教師はあらゆる種類の規則を課します。これらの規則は、子どもが学習できることだけでなく、互いが間近で生活できることを目指しています。そしてきわめて重要なのは、一連の道理に適った規則がもたらす安心感を子どもたちが経験するということです。しかし教室で規則を適用しても、無意識的なプロセスの衝撃から完全に保護されるわけではありません。内省することを実践することが当たり前のように行われている学校では、こうした事実は、今ではすっかり受け入れられていると思います。昔の学校では、そうではなかったと思います。崩壊の恐怖から、教師や校長はますます多くの規則を課し、それにはもっともっと多くの厳しい罰則が伴っていました。しかし、今日事態が根本的に変わったと考えるのは、楽観的すぎるかもしれません。まだ政府は社会秩序への挑戦に対し防衛的に反応する傾向があり、学校のなかであろうと、どこであろうと、立ち止まって混乱の原因だと思われることをじっくり考えるのではなく、厳しい制裁を課しがちなのです。

被害妄想的な規則

組織やクラブ、団体のなかには、厳密な入会要件や行動要綱を備えて、自分たちの境界と領域を守っているものがあります。こうした集団は、通常、望ましくない人物を中にいれず、集団の均質性や同質性を維持することを目指しています。この種の被害妄想的な組織化は、多様性や差異への恐怖に根ざしています。集団のメンバーは、理論上は、自分たちの欠点についての疑義に対処することから守られています。これらすべてが、クラブの外部つまり会員資格から排除された人々のなかへ投影される可能性があります。そして集団外部の人々はパーソナリティの望ましくない側面すべてを背負っており、また想像上はさらに恐ろしく脅威的となり、そのためクラブはバリアを強化して、彼らが入り込まないようにしなくてはなりません。この種の集団の事例について考えるとき、われわれが自然に思い浮かべるのは、社会階級の区分やロンドンのウェストエンド（訳注20）の「排他的」な紳士クラブ、ゴルフ・クラブやテニス・クラブなど、また北イングランド（訳注21）の労働者クラブや南ウェールズの炭鉱夫のギルド（訳注22）です。しかしこの記述は、別の主旨で定義されているクラブにもぴったり当てはまります。つまり特定の政治理念や人種、女性、男性の同性愛者などといった人々に、実質上その会員資格を制限しているクラブに、です。いま「ゲーテッド・コミュニティ」（訳注23）がありますが、

（訳注20）ロンドンの中心街のことを指し、都会中の都会。そこで生まれ育った人はWest Enderとよばれ、一種の特権階級のようになっている。かなり排他的なエリアで、超高級な住宅、ホテル、レストラン、クラブが立ち並んでいる。

（訳注21）北イングランド（バーミンガム、マンチェスター）などは、炭鉱や鉱石などの産地で工業が発達した地域で、労働組合や労働者クラブ（パブのようなところ）がたくさんある。紳士クラブとは異なった意味で排他的な雰囲気がある。

（訳注22）サッチャー時代に炭鉱閉鎖令が出された際、南ウェールズの炭鉱組合はかなり激しい暴力闘争を繰り広げた。そのため、この言葉は悪い組合（集団）というニュアンスがある。

それを買う余裕がない人々を締め出し、鍵と警報装置で内側の住民を侵入者から守っています。また荒れ果てた地域もあり、そこに住んでいる人以外は誰も「立ち入り禁止」となっています。ヘイミッシュ・カナム（Canham, 2002）は、同質性に依存している集団は、自分のナルシシズムのなかで沈滞するだろうと、示唆しています。「仲良くやっていて意見の相違や衝突に耐えられない集団は、万能感や独りよがりな自己満足への運命をたどる」（Canham, 2002, p.114）のです。

一九五〇年代、エリート校は、最悪の状態にあり、この種の被害妄想的な態度を持っていると批判されました。一九七〇年代の公立エリート中学校制度の解体と改革は、教育制度における形式的な「排他主義」の根絶におおいに貢献しました。「統合」はいまや合い言葉で、ほとんどの学校は、実に多様で、多文化的で、多民族的であり、さまざまな能力の人が集まる組織です。繰り返しますが、学校が被害妄想的な思考に免疫をもっているとか、学校内の集団がこの種の心の状態（全身全霊でもって同質性を永続させ改革に抵抗するような心の状態）に陥らないという意味ではありません。さらに注目に値するのは、シティ・アカデミー（訳注24）やエクセレンス・センター（訳注25）の導入や、宗教系学校の増加を通して、現在では子どもたちの振り分けが再び起きていることです。

スケープ・ゴート

あらゆる種類の集団、とりわけ学校や大学は、投影を特定の受け皿となる人に向け、その人は集団の悪すべてのスケープ・ゴートになるのです。このような人物は、失敗と同一視され、集団のなかでは容認できない存在になっていくでしょう。他のメンバーには、自分自身の欠点を思い起こさせるだけでなく、仲間の一人にそういうひどい扱いをしているという罪悪感を喚起する存在になります。集団にかかるストレスやプレッシャーが大きくなればなるほど、スケープ・ゴートは見つけやすくなるでしょう。たとえば視察のときに、特定の生徒を退学させるべきだという意見が高まるかもしれません。視察がうまくいかないと、一人の教師や管理職に対して、失敗の責任を問う反乱が起こるかもしれません。

スケープ・ゴートは、ほとんどの集団の日常生活に起こります。スケープ・ゴートとみなされた人が、たとえ集団から追放されなくても、その人は自分が集団を堕落させ、成功のチャンスを台無しにしたと感じさせられるでしょう。

数年前、巡回の行動障害サポート・ティーチャーとして働いていたとき、私は市街の荒廃地区にある中等学校九学年の「学級崩壊」の観察をしばらく頼まれました。私がその首謀者を見極めれば彼らを追放できるので大いに助かると、学年主任が私に言いました。そのクラスでは授業ができないという皆の苦情に、彼はうんざりしていました。彼は何人かの生徒を一時的に排除をしてみましたが、何も改善しませんでした。私は二日間、そのクラスについて回り、彼らがことあるごとに期待通りにふるまう様子を見ました。教師たちは授業に遅れてやってきて、その教科書には何も印がつけられていませんでした。そしてほとんど決まって、すぐに何人かが些細な制服違反やガムを嚙んでいたという理由で、学年主任のところへ送られました。理科実験室の長椅子に若者たちが大の字になっていて、トラブルにいたるのは必至なのに、何の介入もなされませんでした。理科の教師は、最前列の席の向こうで起きていることすべてを無視しようとしていました。最前列は女子の小さな集団が占めており、彼女たちは授業をしてほしいとはっきり主張していました。部屋の後ろで騒動が始まり、教師が介入しに行きました。最前列の女子集団は、教科書を鞄にしまい、代わりにファッション雑誌を取り出していました。

このパターンの一つの例外は、学級活動の時間でした。九年Ｗ組のクラスの担任教師は、彼らに見切りをつけるつ

（訳注23）治安のため周囲にフェンスなどを張り、門で警備員が出入りをチェックする住宅地など。
（訳注24）企業や個人、教会などの後援を得てコミュニティに公的資金を導入し、独立した公的中学を運営する。他の公立中学と同じ条件で、生徒を受け入れていく。
（訳注25）特別な能力に秀でた生徒を少人数で教育する機関。

もりはありませんでした。担任は、一人ひとりと友好的な関係を築くために熱心に働きかけ、私が一緒になって彼らについて考えることを喜んでいました。私たちに明らかになってきたことは、このクラスが学校全体のスケープ・ゴートのようなものになっているので、一人または複数の生徒を退学相当と決め付けても何の解決にもならないということでした。クラスを集団としてもっとよく機能させ、学校（教職員）がそのクラスに背負わせている投影を少し引き戻すように説得する道を見出すほうが、もっと生産的だろうということで、私と担任の意見は一致しました。

クラス担任の応援を得て私は、クラスを能力や性別や人種が混在した四つの集団に分けました。これが必然的に意味したことは、仲良しグループが分裂させられるということでした。しかしみんなが少なくとも仲良しグループの一人とは、一緒になれることを保証しようとしました。私は、四週間のあいだに、それぞれのグループと、四回のグループ・ミーティングを持ちました。彼らがいつも同じ授業を抜けることがないように、私は複雑な時間割を作り出さなくてはなりませんでした。驚いたことに、彼らはその時間割にちゃんと従い、第一週目のあとは、かなりの熱意をもってセッションに現れました。私はあまり野心的なことはしませんでした。私たちがしたのは、言葉遊びやドラマ・ゲーム（自分自身やお互いのことをどう描写するかを考えさせた）でした。そして各セッションの最後の十五分は、ボード・ゲームをしました。彼らは時々、知らない子と一緒に遊ばなくてはならず、男子は女子と遊ばなくてはなりませんでした。自分たちのクラス（九年W組）をどう考えるかについて、一度セッションを持ちました。すると彼らが、学校の彼らについての見方を取り入れていることが明らかになりました。彼らが自分たちのクラスを「本当に駄目」、「ひどい馬鹿」、「まぬけ」と描写するのを聞くのは辛いことでした。これとは好対照だったのが、彼らが個人としてのお互いについて言ったことでした。この食い違いに彼らは気づいていませんでした。

学年主任と校長は、私の計画にとても懐疑的でした。私がフィードバックを示しても、まだトラブルメーカーの首謀者を突き止めることを求めました。しかしそのクラスを教える全教師へのフィードバックのセッションは、はるかにうまくいきました。私は、彼らに絶望的な気持ちを表現する時間を与え、そのクラスが困難なことに同意し、私は一人で一度に七人だけに対処すればよかったが、それでもいつも容易なわけではなかったと認めました。彼らは、子どもたちと同じように、自分たちの経験の共通部分や相違部分を明らかにし、ミーティングの終わりには部屋のなかに活気があふれていました。

数週後、「九年W組はどうですか?」と校長に尋ねたところ、「彼らは素晴らしいですよ。今は九年Z組が問題なんです!」と告げられただけでした。私の理解ではこれは、完全な変容が起きたということではなく、むしろ九年W組とその教師が、自分に投影されている失敗の感情をいくらか回避したり拒絶して、やりくりしているということで、そのために注目が九年Z組の方に移動したのでした。

学校でのグループワーク

近年では、学校でグループ・ワークを行うことが増えたように思えます。子どものグループ、若者のグループ、実際、親のグループも招かれて集い、共通の関心や興味の事柄を話し合います。なかには学校が独自で運営しているのもあれば、学外の専門家に手伝ってもらっているものもあります。すべて、理解を深めたり集団生活の質をよくするという、共通の目標があります。「輪になって話し合う時間」は、今、小学校では人間教育や社会教育の標準的実践となっており、担任が主催して、社会的な経験や情緒的な体験を率直に話し合うものです。子どもは、グループという安心できるところで自分の気持ちや考えを話し、人の話に丁寧に耳を傾けるように励まされます。さらに他の子どもが、自分とは違う人生を生きているという経験について想像するように促されます。彼らはお互いの行動について思うところを声にし、学級崩壊というような問題について考えるよう促されます。この種の構造化されたグループ活動は、情緒的な経験を認め、開放的な精神を確立します。うまくいけば、これは集団にとっても一人ひとりの子どもにとっても、創造的な体験になります。悪くすればそれは分裂をもたらし、子どもによってはモラル優位になり、望ましくない部分を他者に投影する場合もあるでしょう。

集団のサイズ

どんな特定の課題にも、集団に最適なサイズというものが確かにあります。たとえば、コンピュータを使う順番の表を作る作業のように、教室の設備をやりくりするような仕事を取り上げてみましょう。

十一歳の集団ならやる気を持てば、誰が一番になるかを競い合わない限り、かなりすばやく効率的に課題に取り組めるはずです。十五歳の集団だと、同じ課題をもっと難しいと感じるでしょう。彼らは、どのように始め、誰が計画をリードし、誰の考えを採用するかなどについて、議論することになるでしょう。誰もが自分は主要な役割を担っているると思っているので、もっと小さな集団へと分裂するかもしれません。あるいはグループ内の小グループが課題をうまくやっている間に、他のメンバーは抜け出して、他事へと流れていくかもしれません。子ども三〇人のグループでは、多分、課題になかなか取り組めないでしょう。

大人数に教えることは、とても難しい仕事です。しかし学校には、小集団を教えることが簡単だというよくある誤解があります。多くの場合、学習に困難さを抱えていたり挑発的な子どもは、教室の大集団の設定から小集団で勉強するように移されます。教師やサポート・ティーチャーや学習メンターたちは、多くの場合、自分たちがそれを大変だと思っていることを認めたがりません。結局、担任が他の二十七人を受け持っているときに、彼らはたった三人の子どもに対処するだけでいいのですから！　必ずしも考慮されていないのは、子どものなかには家族の大きさの集団でやっていくことがそもそも難しい子どもがいるということです。こうした小さな集団の経験は、このような子どもにとって家族生活と共鳴し、嫉妬と競合の感情をかき立てるのです。子どもたちは、転移のなかでは親である、一人の教師の注目と賞賛のために競い合います。こうした状況で、内的・無意識的に一人ひとりの子どもの心を奪っている事柄が表面化し、愛と憎しみが入り混じって現れてきます。私の記憶に残る経験で教えるのが一番難しかったのは、ある精神科病棟でのことで、そこでもう一人の教師とともに私は、思春期の小集団を教えていました。私たちは、当初、ある特定の二人だけのグループを教えることの方が、六人のグループを教えるよりもはるかに難しいことに、訳が分かりませんでした。やがて気がついたことは、教師と生徒が二対二のときに、転移のなかで私たちは両親のカップルになっていたということでした。彼らはより大きなグループのなかにいると私たちの注目を求めて競い合うのですが、二人一緒だと私たちの権威を蝕み失敗を責めようとし、私たちのあいだになんら創造的なことが起こりえないことを確実にしました。それはとても有益な教訓で、私の心に残っています。子どもに対する大人の比率が高いことを必要とする子どももおり、彼らには一対一の注目がある程度は必要かもしれません。しかし彼らに必ずしも、一人の大人と小集団の同級生という形態が有益とは限らないのです。

職員室の集団力動

大人であるがゆえに、自分自身のことをよく知り、いつも考え続ける能力に長けていることが期待されている点でのみ、職員室での教師の状況は異なっています。抑うつポジションの機能が優位となり、妄想・分裂ポジションの行動は大きなプレッシャーの影響下でのみ現れるだろうと想定されます。そうかもしれませんが、集団は周囲にあるどんな不安も増幅させるし、集団状況ではみんな、基底的想定の行動に影響を受けやすいということを、心にとどめておくべきです。

現在の教職の職務内容や職務規定では、「チームの一員として働く能力」が基準として言及されています。すべての教師は、全体としての教職員集団の一部ですが、同時に特定の学年の教員チーム、特別支援教育チーム、管理職チーム、専門課題チームのメンバーでもあり、そしておそらく、こうしたグループ分けの複数に属しているでしょう。学校が全体としてそうであるように、この種のサブ・グループもそれぞれが階層化されています。地位や給料や責任といった公式の差異があり、また教師としての能力の差の認知、生徒のあいだの人気の違いという非公式な差異もあります。さらに保護者や地方自治体や中央政府のように学外から入ってくる、巨大な圧力があります。校長は、業務の遂行とともにコミュニティを運営していかなければならず、両者の利害がいつも一致するとは限りません。つまり分裂・投影が起き、スケープ・ゴートがはびこれば、不安が集団を支配しやすくなります。

第十章　投影のプロセス――「ギャング」集団、いじめ、人種差別

グループと「ギャング」集団

グループは、いついじめや非行に走る「ギャング」集団になるのでしょうか。ヘイミッシュ・カナム（Canham, 2002）は、「ギャング」集団の心性を、破壊的な力が支配的になったものと定義しています。それは妄想・分裂ポジションの機能状態にあり、そこには現実に直面して考えるということはなく、個人（または集団）を欠乏や無知や弱さといった感情にさらす可能性のある部分を自分のパーソナリティ（または集団）から取りのぞきたいという欲求だけがあるのです。一人の人間のパーソナリティの内部では、これは、自分の持っている脆弱な部分を、別の部分が恐怖によって無理やり押さえ込んで統治することで成し遂げられます。これがグループに起こり、グループが「ギャング」集団化しているときには、その恐怖による支配は他の集団へと向けられます。「ギャング」集団化は、考えることを憎み、親とのつながりを憎み、生命を憎むことに基づいているのです。

ヘイミッシュは、ウィリアム・ゴールディングの『蝿の王』(訳注26)の例を示し、少年たちが、自分たちのなかにある、思慮深く考えるという親の機能との接触を失い、「ギャング」集団の魅力に引きずり込まれていく様子をたどっていきます。ヘイミッシュは、ラルフとピッギーがほら貝の掟をつくることで、何らかの構造化を推し進めようとするくだり

に注意を促しています。集会では、少年たちはほら貝をつかんでいないと、発言できません。島での暮らしの初期、年長の少年らは掟という観念に気づき、彼らはこの取り決めに合意しています。へイミッシュはこの掟を親の機能の象徴だと示唆しています。その後、掟は捨てられ、ほら貝は砕かれ、秩序は妄想・分裂ポジションの行動のほとばしりのなかで投げ出されます。

聖歌隊のリーダーのジャックは、グループのなかでは、孤独や恐れを持たないようにしようとする力、そして生き残るためにお互いを頼る気持ちから離れていく牽引力を象徴しています。こうして始まる非人間化は、この少年たちが顔に塗りつけだすペインティングで表わされます。特にジャックは、自分たちの生存が島のジャングル奥地に生息する豚を殺すことにかかっているという固定観念に支配されています。これはジャックとその一味が、乳離れしていない子豚たちをかかえた雌豚を殺すという恐ろしい場面で最高潮に達します。

この行動は、「ギャング」集団の心性の動きをもっとも劇的に表わしています。世話をしてくれる親のいない生活に直面したため脆弱さと喪失が、豚の家族に投影されます。つまり子豚たちは孤児にされ、少年たち自身も孤児になった気持ちなのです。小説を読んだ人は知っているように、この残酷さはジャックとその一味による容赦ない凶暴性へと拡大し、それは他の少年たち、とくにピッギーへと向けられて、彼はこの本の最後の方では殺されます。

ピッギーは太っちょで喘息もちの少年です。彼は自分たちが置かれた状況の真相を見極め、みんなが確実に生き残るために何をするべきかを考え続ける能力を持っています。ピッギーの慎重さや洞察力は、「ギャング」集団からの絶え間ない攻撃を受けます。「ギャング」集団は、ピッギーの視覚を象徴するメガネを盗み、ついには彼を殺します。ラルフは、「ギャング」集団に入ることへの魅力と、考える力を失いたくないという願望とのあいだで、最も葛藤し、もがく人物です。ラルフが「ギャング」集団に惹かれるにつれ、その心のなかでシャッターが下りると、ゴールディングは説明しています。このシャッターは、するべきことと分かっていることから、ラルフを切り離すように思われます。彼のするべきこととは、火を絶やさず、小さな子どもたちの世話をし、避難小屋をたて、みんなが力を合わせ続けるようにすることなのです。シャッターは彼にとって、こうした責任を忘れて、豚狩りをすることでこうした心配事から解き放たれた生活を送っているように見える、ジャックの「ギャング」集団に加わることへの誘惑を表しています。

もっとも際立っていることは、この小説のなかで何らかの感情的意味を込めて家族のことに触れているのが、ラルフとピッギーの二人だけだということです。自分たちを助け、愛してくれる親のような人物の存在感を保ち続ける能力が、この二人の少年を支え手助けして、ジャックとその一味がしたように背伸びして強い大人もどきになろうとすることのないようにしてくれたのです。(Canham, 2002, pp. 119-120)

学校にいる、子どもや学生たちは、大人のコントロールや保護から全く離れてしまう、この種の苦境に直面しているわけではありません。しかし集団や個人の体験が、この小説に描かれているのと共通の要因を持つこともあるでしょうし、彼らの情緒的反応が似通うこともあるでしょう。

ヘイミッシュ・カナムは、教師や学校組織の役割を次のようにまとめています。

(訳注26) 二十四人の少年の無人島暮らしを描いた小説。米国陸軍幼年学校の生徒たちを乗せた飛行機が海に墜落した。大怪我をした機長と少年たちが救命ボートで無人島に漂着する。機長は意識不明で他に大人はおらず、救助される見込みは薄い。年長の少年ラルフらは、ほら貝を持った者が発言できること、助けを呼ぶため狼煙をあげ続けることなど、いくつかの約束ごとが決めた。彼らはラルフを隊長に選びキャンプを作った。だが集会で決めたルールを守らない少年たちが出現し、内部分裂が起きはじめる。ある晩ジャックたち狩猟隊は、豚を焼いて宴を開き、そこに敵であるラルフ達を招待したが、その亀裂は深まっていく。突然ジャックは仲間を煽動し、ハンターの儀式を始める。少年の一人を豚に見立て火の回りを追い回すのだ。少年たちの興奮が頂点に達し、仲間サイモンを殺してしまう。今やラルフの仲間はピッギーだけになったが、そのピッギーも殺されてしまう。狩猟隊はラルフの息の根も止めようと追い詰めていく。

自らが責任を負う者すべてに対して、思慮深く思いやりのある態度を保てるような権威的人物の存在を通じて、人は、無思慮な「ギャング」集団化ではなく、考えることのできるグループ形成に向かいうるのです。これは家庭でも、教室でも、職場でも、政治においても起こるでしょう。こうした人物の存在があるということは、もちろん、それだけでは十分ではありません。というのもこうした人物は曲解されるからです。どのような関係性があるのかということが決定的に重要で、それぞれがエディプス・コンプレックスとどのように取り組んできたかによって、大きく決定づけられます。(Canham, 2002, p.125)

内的世界と「ギャング」集団的な心の状態

以上のことは、子どもや若者の内的世界で何が起こっているのかという疑問に私たちを引き戻します。ヘイミッシュによれば、彼らは外的現実の認識を歪めてしまうため、思慮深く気遣ってくれる大人を活用できないのです。ヘイミッシュは、心の内部における「ギャング」集団化について書いています。それによって、子どもは、外的世界の「ギャング」集団へと駆り立てられ、陰湿で計画的ないじめっ子へと変わっていくのです。「自己の支配的で破壊的な部分が、自分が愛に飢えちっぽけで無知だと感じさせる他の部分を人質にとります。その方法は、その後者の部分を恐怖状態にさらすことなのです」。この心の状態で、個人は全知全能という錯覚にしがみついています。対象からの分離や依存の認識はありません。内的世界の親は、たちの悪い自己愛的なものに変わってしまい、弱さや他者を必要とする意識はすべて取り除くようにします。

いじめっ子と犠牲者

学園小説のいじめっ子、たとえば『トム・ブラウンの学校生活』(訳注27)のフラッシュマンや『ニコラス・ニックルビー』(訳注28)のスクィアズは、以上に述べてきた、極端な分裂と投影をめぐる心理学的説明にきれいに当てはまります。彼らは容赦なく犠牲者を攻撃し、当然の報いを受けるときまで、残酷な行為をエスカレートさせ続けます。多くの場合、状況はそんなにも極端にはなりません。妄想・分裂ポジションの機能状態と抑うつポジションが、すべての人間の揺れ動く二つの心の状態と見なせば、誰もが何らかのいじめの行為をする可能性があることになります。丁寧に面接し正直になるように促せば、ほとんどの子どもは、クラスの弱い子、弟や妹、動物をいろいろな折にいじめた経験があることを告白します。またほとんどの子どもは、自分自身がいじめの犠牲者になった経験があるような相互作用や関係性についても話します。自分がいじめの動機をどう理解しているかについても雄弁に語ります。そして、いじめは自分が持っていたくない感情を取り除こうとすることだと、子どもたちははっきり分かっているのです。

すべてのいじめっ子の内部には臆病者がいるという決まり文句は、もちろん正しいのです。しかし精神分析の考えが示唆しようとしていることは、いじめっ子たちが脅威と感じているものは外的世界にあるだけでなく、個人の内部

(訳注27) 十九世紀のイギリスの田舎の上流家庭で育った少年トム・ブラウンの寮生活が描かれている。寮生活は、最上級の六級生から選ばれた監督生をトップに、上級生が下級生を絶対服従させるというお決まりの階級社会である。上級生には〝ファグ〟fagという下級生がつき、上級生の勉強室の掃除、お湯汲み、その他の用事を言いつけられる。上級生が良い人ならまだいいが、下級生いじめのフラッシュマンのような人だと最悪である。卑怯なフラッシュマンに絶対服従しないトムが、暖炉の火で拷問をされる場面もある。

(訳注28) ヨークシャーの寄宿学校。私生児などが厄介払いのために送られ、日常的に虐待されていることが社会問題となっていて、その生活を描いた作品。スクィアズは、ヨークシャーの寄宿学校ドゥザボーイズ・ホールの経営者。野蛮でどう猛な男。その夫人と息子、娘も同様で、生徒たちに暴力をふるい、ろくな食事も与えない。

にもあるということです。いじめ行為の出現の後、個人が良い内的対象や関連する抑うつの機能状態とのつながりを取り戻すことができれば、その人は、自分自身の過失について考え、いくらか後悔の念を感じることができるでしょう。これができないと、そのいじめっ子は恐ろしい世界にいて、自分の敵意は対象のなかに投影され、対象はさらに有毒で脅威的なものになり、仕返しをされる恐れが増大するのです。いじめが常習化すると、いじめっ子は自分の鎧には隙がないと確信する努力を倍増しなくてはなりません。これは「ギャング」集団のなかで身を守るという形、つまり何らかの理由でいじめっ子にくっついてくる手下たちで自分を囲ませることにもなるでしょう。「ギャング」集団のリーダーは、自分から離れていることが危険だと皆がはっきりと分かるように奮闘するのです。これは、仲間なしでは自分が危険だと、自分自身が思っていることを周りに投影しているのは明らかです。これは上にふれた学園物語だけでなくて、多くの本や映画のテーマです。たとえばマフィアは、自由にやめることができたり、そもそも独自の考えを持つ余地があるような組織ではないのです。

「ギャング」集団的な心の状態の起源

常習のいじめっ子や「ギャング」集団のメンバーの悲しむべき内的状況は、子どもの発達や早期の体験という点で見れば、無数の形で生じているかもしれません。ヘイミッシュ・カナム（Canham, 2002）は、彼の見解として「ギャング集団の心の状態」を作り出すかもしれないような体験に注目しています。ヘイミッシュは、極度な不安の衝撃と人間のなかの責める相手を探す傾向について言及しています。また人生の初期に抱えられる経験の欠如という意味での剝奪も大きな要因であることを彼は指摘しています。抱えられる経験の剝奪によって、抑うつポジションの機能状態を保持することが難しくなり、投影と分裂に頼る傾向が生じるのです。ヘイミッシュはまた虐待の影響について述べており、虐待の犠牲となった経験のある子どもは、しばしばその経験を伝達すること、つまり自分が経験した犠牲者の立場を人に押しつけることで、恐怖や怒り、そして罪悪感や恥を取り除こうとすると示唆しています。

臨床素材：ロバート

ロバートは、いじめっ子でした。十歳になる彼は、自分より小さい子や弱い子を誰でも脅すということで、学校ではよく知られていました。教師たちは、彼の悪さを知っていましたが、めったに現場を押さえられませんでした。たとえば彼が運動場の隅で、壁に幼い子どもを押し付けているのを見つけて、教師が介入しようとしても、彼はすばやく自分がしていたことを都合よく言い逃れをしてしまい、哀れな犠牲者は、彼の言い分を裏付けるのでした。彼のそばにはいつも、頭は悪いが体格のいい少年たちがつき従っていました。彼らは、自分たちがロバートに選ばれたという特権意識を持ち、もし自分たちが眼にするものに不快めいた感じを抱けば、即座に元のように何も感じないようにするように引き戻されたのでした。

ロバートは、「ギャング」集団のリーダーとしての地位に、完全に満足しているようにみえました。実際に人を身体的に痛めつけることもなく、小遣い銭やおやつ、学校の食堂の一番いい席やサッカー場を最初に使う権利をうまく自分や仲間のために手に入れました。子どもたちは彼を恐れていました。また彼は、自分のクラスメイトを爆笑させることができました。彼が経験の浅い臨時教員をからかう（言葉のいじめ）様子を、クラスメイトたちは楽しんで傍観していたのでした。

彼は、中等学校へ進学する前に受け入れ学校を訪問することになっていた直前に、女子トイレに入って女の子のスカートを覗いたことを咎められました。九歳の少女が家で訴えたので、両親が学校に苦情を言いに来たのです。校長はすぐにロバートに注意しました。彼は最初、認めませんでしたが、やがて泣き出して「お父さんには言わないで」と校長に頼みました。翌日、ロバートの父親は、校長から連絡を受け、三日間の停学の理由が書かれた文書を受け取ると、学校に乗り込んできました。彼は受付の前を乱暴に通って、校長室に直行し「説明しろ」と言いました。校長の机に身を乗り出し「うちの子は無実で、無実な子をいびるのがこの学校の常套手段なのか！」と怒鳴りました。彼は机を叩いて、「もしこんな問題がこれからも起きるようなら、校長をひどい目にあわせてやる」と言い、「子どもの育て方を人に指図されるいわれはない」と付け加えました。罰を与えなければならないのであれば、彼は自分でやるでしょう。

三日後、とてもおどおどしたロバートが学校に戻ってきました。校長はすぐに彼と話し、スクールカウンセラーに会うことを提案しました。中等学校に進むまで、カウンセラーはロバートに会い続けました。ロバートは、カウンセリングでは、最初は空威張りを見せることが多かったのですが、その関係性が進展するにつれ、もっと率直に話せるようになっていきました。そして彼のいじめの行為は、小学校生活の最後の数カ月のあいだに減少していきました。カウンセラーは、ロバートが成長するのを恐れていることが分かってきました。彼の心のなかには、彼の成長を手助けするサポーティブな大人がいるという感覚がほとんどありませんでした。彼は、自分は中等学校でいじめられるだろうし、父親がそのことを馬鹿にするだろうと確信していました。彼はすでに、性的に成長していないといって、兄たちから馬鹿にされていました。だから女子トイレで悪戯をしたのです。彼は学力に自信がなく、それで身体的に強くあることだけが、このような「ゲーム」で優勢でいられる唯一の道だと信じていました。彼の考えでは、「ゲーム」で優勢でいることが、彼の考えでは、身体的、情緒的、心理的に生き残れることのようでした。カウンセラーは、ロバートが家で荒っぽい扱いを受けていると確信していましたが、彼は父親にひどく忠実で、家庭生活について一切もらそうとしませんでした。

ヘイミッシュ・カナムが「ギャング」集団的な心の状態の発達について述べたことが、ロバートにも当てはまることは明白です。十歳にして彼の心のなかには、人を不快にして自分がもっといい気分になることを必要とするモデルが出来上がっています。彼は味方に周りをとり囲ませ、人から物を取り上げることで、自分のしおれた自尊心を引き上げるのです。彼は、自分の将来を不安に思い、それについて考えることができず、いじめる父親に強く同一化しています。あざけりは、内外から彼を脅かします。希望の持てるサインは、カウンセラーがロバートのもっと脆弱で正直な側面にある程度触れることができたことです。できれば中等学校でも、彼に対して、同じようにカウンセリングなどの対応がされることが望まれます。思春期のはじまりは、それに伴う身体や心理や情緒の変化とともに、たやすく彼を「ギャング」集団のリーダーとの同一化に引き戻すかもしれません。

羨望といじめっ子

ここで私は、内的世界での剝奪について議論をさらに展開して、外的世界での剝奪と羨望の破壊力とに結び付けていきたいと思います。貧困それ自体が、破壊的な羨望を引き起こすわけではないことは、まったく明白です。抱えられる経験、そして分離と折り合いがつくように手助けされた経験に基礎づけられた確かな内的構造があれば、物質的に貧しい人がより富める隣人への羨望に心を奪われるとは考えられません。しかしヘイミッシュが述べるような内的剝奪が外的剝奪に出会うと、そこには羨望と憎悪が肥大する土壌が広がります。そのとき貧困と剝奪は、人が「ギャング」集団の仲間になることを正当化するために利用され、「ギャング」集団は、不公平だと感じるものを正すためにこそ自分たちはいるのだと主張するのです。貧困に陥った人が、たえず他人の豊かさにさらされると、これは特に危険です。初期の精神分析の理論では投影プロセスを理解しようと奮闘していましたが、今日では、外的世界の文脈も考慮に入れるように変わってきています。このような相対的な富裕層からの挑発は、富裕層と貧困層が隣接する都市中心部で見られます。また貧困と失望が広がる地域でも、衛星テレビが、光り輝く刺激的な世界がほんのすぐそこにあるということを教えてくれるという点で、似た状況にあります。他人が努力もなしに手にしたと思えるものへの羨望は、「ギャング」集団的な心の状態の大きな決定因の一つです。グローバル化、宣伝広告、即席の富と名声という考え、セレブに夢中になることは、すべて個人の同一化の感覚に難しい問題を投げかけますが、相対的な貧困意識が剝奪に満ちた内的状況に共鳴している場合はとりわけそれがあてはまります。

人種差別

いじめと人種差別は、細部の重要な点で異なりますが、それぞれに共通点もたくさんあります。人種差別についての心理学的説明が、社会学や政治学の説明に取って代わりうると主張するつもりはありません。スティーヴン・フロシュが言うように、人種差別は性差別のように西洋社会に深く根ざしており、その外的・歴史的なルーツは経済や政治の抑圧のなかにあります（Frosh, 1989）。しかしながら、人種差別の内的力動を心理学的に理解することが、学校でこの問題に対処する責任を課されている人々に、何らかの価値ある貢献をできるかどうか、検討してみる価値はあるでしょう。個人の心理のなかにある人種差別主義者の恐怖と憎悪が、人種差別を確立したものとして存続させているると、フロシュも主張しています。

人の心のなかにある人種差別主義的部分についての議論は、あまりに危険すぎるので、あまり取り組まれない議論です。健康や教育や社会福祉についての私たちが用いる言葉には、「差異とともに働く」、「反差別的実践」、「文化的な感受性」など、みんながより満足感を得られるための表現がちりばめられています。これらは、りっぱな目的でしょう。しかしそれらは愛や憎しみ、恐れという情動が充満している議論の領域を緩和し単純化してしまい、本当に考えるということをあまりにも安易にを抑えてしまうのです。私は、学校が反人種差別運動に、どのように貢献できるかということを明らかにしたいと思います。むしろ、もっと正確に言えば、個人の内部のメカニズムについて理解を深めることが、反人種差別を促進する、カリキュラムや学校全体の方針について考えることに確かに貢献できると主張したいのです。

人種差別者

個々のレベルでは、人種差別は投影プロセスのもうひとつの現れです。人種差別者は、ある特定の個人や人種の集団に狙いを定め、敵意を投影する受け皿とします。自分が所有したくない考えや感情が、ある人種という存在に付着されます。そしてその人種は、その人種が持っているとされる特徴ゆえに憎まれ、報復があるだろうという無意識的な想定ゆえに、恐れられます。人種差別者は、自分の憎悪が正当であることを確固たるものにする必要があります。これはいじめっ子と似たやり方で行います。つまり同意見の味方を集め、その人種が憎悪されるのは自業自得なのだという主張で自分の立場を正当化するのです。人種差別者は、住宅供給や手当てや年金を得ることが難しくなっているという、経済の現実を議論に持ち込みます。しかし彼らが維持する必要があると主張している経済システムは、実際には、内的不安に対処しようとして被害妄想的恐怖と憎悪を生み出しているシステムなのです。人種差別者自身がうまくいかず、彼らが憎む人種集団が成功しているのを目にしていると感じると、羨望が人種差別の火に油を注ぎます。

差異と変化への恐れ

「人種差別者」について、書いたり話したりするのは簡単です。それよりはるかに難しいことは、私たち自身のなかにある恐れや偏見、不寛容の側面について述べることです。はじまりとおわりに関する章（第六章）で書いてきたのは、人間の精神には現状にしがみつこうとする傾向があり、私たちの考えに異議を唱え心の平静を脅かす力には積極的に抵抗するということです。私たちが新しい体験に対して真に心を開き、考え方を変える必要があり、変化には不快が含まれるという事実を本当に受け入れるならば、「差異とともに働く」や「多様性を称える」ことは、突如として、簡単に達成できない概念になっていきます。

私自身の世代は、一九五〇年代と一九六〇年代の初めに成長したため、大半の人がこの問題に関して無知でした。「(英国) 連邦」という考えは、不平等や搾取、圧制という現実の絶好の隠れ蓑でした。子どもの歌や童謡、童話は、内容上は人種差別的でしたが、意識的には分かりませんでしたし、朗読することを恥じろとは言われませんでした。あれから事態は変わってきています。子どもたちは今、もっと洗練された歴史的理解、そして他民族集団や異文化について知識を直接得られるという恩恵にあずかっています。学校は重要な役割を演じており、過去数世代にわたる、お互いの歴史や文化的アイデンティティを子どもたちに教育しています。そして固定観念、歴史的には無知にもとづいていた人種差別的な考え方の根絶に多くを為してきました。二十一世紀初頭の状況は、以前とは大変違ってきています。過去五〇年間に大規模な移民が増加し続けており、今私たちはもっと多様な人種からなる共同体に住んでいます。一方で、私たちは、世界のニュースや論評の容赦ない衝撃にさらされています。社会は、今や人種で分けられており、そのような分断は、人種差別者の言動を正当化することに簡単に利用されうるのです。

クーパーとラウサダ (Cooper & Lousada, 2005) は、「人種差別の精神的地理学」と題した論文で、いくつか興味深い観点を明らかにしています。彼らは、過去十年以上のあいだに国家を家族のように見る「家族への信頼」が喪失されていると言い、これにより市民と国家の関係性に変化が生じてきていると示唆しています。「社会的関心が深いか浅いかは、市民と国家の関係性の質の上にかかっています (Cooper & Lousada, 2005, p.86)」。過去には「福祉国家」という思想を伴った関係性があり、それは、慈悲深い指導者という想定のもとに成り立っていました。そこでは、政府と権威を持つ人々が、自分が責任を負う人々のニーズに関心をもつだろうと思われていたと、彼らは示唆しています。現在、人々は、こうした責任ある人々や機関の現実について、もっとたくさんのことを知っているので、もっと一層冷笑的な態度をとるようになっています。

クーパーとラウサダの主張は、「家族への信頼」の喪失によって、よそ者を気遣う能力の喪失がもたらされるということです。よそ者を容認しなくなり、よそ者への恐れや「ナショナリズム、そして人種や社会への無関心」に道を譲っています。学校は、その地域社会を映し出しています。管理職チームから十分に抱えられていれば、学校組織「への信頼」と呼べる何かが存在し、そこに寛容さと気配りが優勢になるということを私は示唆しておきたいと思います。学校「への信頼」が蝕まれれば、「ギャング」集団化やいじめ、人種差別といった投影のプロセスが根を下ろす土壌が広がります。

学校全体の方針

反人種差別や反いじめの方針声明文は重要な文書で、それは教職員、生徒、保護者に対して、学校で何が許されて何が許されないのかを明確に伝えるものです。地方自治体の多くは、今では、いじめや人種差別的行動が発生すればすべて記録するように命じています。その記録は、各学校からの年次報告書の一部となっていて、その意味で公文書です。よく考えて構想された方針は、教えることと学ぶことのために、学校が「家族への信頼」という状況を提供しようとしていることを明示する証しとなりうるでしょう。また場合によっては、まるで声明文の存在自体が寛容で排他的でない学校の保証となっているかのように、防衛的に用いられる場合もあるでしょう。子どもも教師も、人種差別的な言動は止められるべきなのは当然です。もちろんカリキュラムは、学校共同体の全員の経験を反映させて、真に多文化的であるべきです。これはすべて、思慮深く、そこに属する人々を抱えるような（Bion, 1961）組織運営のあり方の一部なのです。

しかし差別は、教訓を垂れるだけでは対処できません。寛容さを教えることと、理解することは、もっとはるかに込み入った仕事です。そこにはある種の危険もあります。人格教育（Personal and Social Education: PSE）は、無意識的不安によって強く影響され、知らないうちに多様性「について」教えることでよしとし、差異について集団が持っているもっと原初的な恐怖や感情を安全に探索する道を探さなくなるかもしれません。さらにまた危険なのは、教師が「私たち」と「彼ら」という少し心地よい立場をとり、「私たち」が「彼ら」（移民）のためにスペースを作るよう仕向け、マイノリティ（人種的少数派）の経験の特性や「彼ら」が「私たち」についてもつ感情に取り組まなくなることです。私の見解では、「マイノリティ」という言葉の使用そのものが、もっとも強力な無意識的な力の一つを際立たせています。その力とは、自分が「マジョリティ（多数派）」のなかにいることを確信する必要性です。

二十一世紀初頭の主要な課題は、国家同士および共同体のあいだの憎しみが、世界のなかのあちこちで残酷なテロ行為に行き着いたプロセスを、どのように理解するかということです。国家や民族あるいは宗教の名の下に、一人の若者が自らの命を犠牲にして人の生命を奪う。その動因は何か。そしてこのことが、宗教や政治派閥の分裂にどんな影響を持つのか、という問いです。これを書いているとき、二〇〇五年のロンドンの爆弾テロへの対応策として英国政府は、憎しみを扇動する人々を起訴するための立法を導入しました。ここでも、行動をコントロールする方策を目にします。おそらくこれは必要なことかもしれませんが、根本的な問題について考えることからは、完全に離れてしまっているように思えます。

これらは大変な難問で、これから事態がどうなっていくか今は分かりませんが、教育が大変重要であり、学校が重大な役割を果たすことは強調しておく必要があるでしょう。民族的、文化的、宗教的アイデンティティの問題を無視することは危険なことなのです。そしておそらく、人間の発達と学校共同体に関して、心理学的考えを社会・政治的考えと結びつけることで、私たちは新たな力強い展望を得ることができるでしょう。

第十一章　家族と学校

集団としての家族

家族は、子どもが所属する最初の集団です。赤ちゃんの誕生が、夫婦を家族という単位に変え、拡大家族集団のなかで新しい世代を確立します。この家族集団という状況のもとで、子どもは成長の重要な部分の多くを経験し、ここで将来の学習や発達の基礎が確立されるのです。実際、家族や集団行動についての精神分析の考えでは、母‐父‐赤ちゃんの三角形における情緒的体験がパーソナリティを形成し、その後の集団体験へと受け継がれていきます。家族は、将来の関係性のための発射台のようなものなのです。

今日では離婚率の増加、一時的なパートナー関係、同性愛の親といった社会的変化のため家族パターンには大きな幅があります。最初に明らかにする必要があるのは、片親の家族が、核家族単位を構成する夫婦と子どもというモデルから、除外されはしないことです。たとえだれかわからなくても、シングル・マザーの赤ちゃんには父親がいます。そして母親と父親と赤ちゃんという家族の三角形は、母親と赤ちゃんの心のなかにある父親の姿によって構成されています。さらには外の世界に、重要な意味をもつ友人や親戚といった大人がいる可能性は高く、その大人は片親家庭の母親（や父親）をサポートし、第三の観点、つまり三角形の三番目の頂点を提供しています。

核家族

赤ちゃんの誕生が夫婦の生活に及ぼすインパクトは計り知れません。どんなに計画し、望み、準備していても、最初の赤ちゃんは現状を根底からかき乱します。両親は二人とも自分自身の乳児性に触れさせられ、自分たちが不思議なほど未熟で、情緒不安定なことに気づくかもしれません。喜びや達成感と同時に、自分に依存するか弱い人間を扶養する責任を突然負う不安を感じます。夫婦は、自分たちの関係性そのものが、いやおうなく変化することに折り合いをつけなくてはなりません。こうした記述は、大雑把なものにならざるを得ませんが、以下の記述は、それぞれ観察や若い夫婦からの報告に裏打ちされています。普通、新米の母親は、父親が中に入り込めないようなやり方で赤ちゃんに没頭します。よく父親は、赤ちゃんと母親の濃密な関係から締め出されていると感じます。時には妻の愛情が赤ちゃんに奪われ、積極的に排除されたと体験させられます。ある若い父親は車の後部座席に赤ちゃんを残したまま、何か変だと気づくまでの数分間その存在を忘れていたことに、ひどくショックを受けました。もう一人の父親は、わが身に起きたことに驚きながら、自分の無意識的なアンビバレンス（愛情と憎しみの入り混じった両価的な気持ち）がさらに先の段階に進んでいた事実を認めざるをえませんでした。彼は、結婚していることとさえ忘れ、妻子を家にほったらかして仕事帰りに飲みに行ってしまったのでした。

赤ちゃんに没頭するという最初の段階が過ぎると、母親はあたりを見始め、パートナーが自分に関心を失ったのではないかと感じ、自分たちの以前の関係性を回復できないのではないかと不安になります。父親の全生活が、仕事やこれから起こる人間関係と共に外の世界にある一方で、母親は赤ちゃんもろとも家庭に閉じ込められたと感じ出すかもしれないのです。母親が早めに職場復帰するのは、経済的に必要だからということもあるでしょうが、自分のアイデンティティが、母親であれという要求によって脅かされているという気持ちへの反応かもしれません。父親も家族からの要求に縛られていると感じ、週末や夜を自由に過ごしたいと思い始めるでしょう。相容れぬ感情が罪悪感を招き、ときには夫婦が互いに泥仕合を演じてしまいます。

赤ちゃんの目から見ると、母親と父親と自分という三角関係に基づく経験、すなわちエディプス的な経験は、自分がいつも母親を独り占めしているわけではなく、母親を要求する権利のある別の大人がいて、自分は時には待たなくてはならない現実と折り合いをつけねばならないという経験です。この二人の大人が自分から独立した関係性を持っていると知ることで、エディプス状況が明確になり、敵意の感情と空想が掻き立てられます。つまり核家族には、深い愛と献身の気持ちだけでなく、羨望や嫉妬、競争心や憎しみも伴う愛憎入り混じった両価的な気持ち（アンビバレンス）が満ちているのです。

ロン・ブリトン（Brittonn, 1989）は、母親と父親と赤ちゃんによって作られる三角形のスペースという観点から、エディプス状況について論じていますが、そのスペースのなかで情緒的体験が考えられ対処されるのです。この三角関係内にスペースが生成されるかどうかは、実際に三角形をなすその関係性次第なのです。そのようなスペースでは、母‐子、父‐子、父‐母という、それぞれ異なる三組のペアがいて、三人状況という安全のなかで機能しています。この内省するスペースという考えは、メルツァーとハリスが（Meltzer & Harris, 1986）家族ユニットが持つ取り入れ機能と呼ぶものの原型のように思われます。メルツァーとハリスの表現によれば、家族の課題は愛と希望を唱え、痛みを抱えてくれ、考えることを促進することなのです。また家族は、子どもを有害なものから保護しながら社会に触れさせ、最終的な別離を視野に入れながら子どもの成長を促さなくてはなりません。

次に掲げる家族の観察記録の引用で、こうした考えの一端を例証できると思います。

モニカ（母親）は正面玄関を開けて、「みんな居間にいます」と私に言いました。居間に入ると、生後七カ月のジョージが居間の床の真ん中で、遊び用マットの上でクッションを壁にして背を支えて座っているのが見えました。彼の前には、大きくてカラフルな玩具のソロバンが、足元には他のお気に入りの玩具がいくつかありました。最初、彼は周りを見渡さず、明るい色目のソロバンの玉の一つに触ろうと夢中になっていました。私は母親に話しかけていましたが、母親が口をきいて初めて彼はこっちを向いて、母親に満面の笑みを見せました。私が来ていることを母親が指摘したので、私は彼に挨拶をし、腰を下ろしました。彼はいくぶん警戒した表情で私をじっと見ていました。しかし母親は、私が誰かを教え、母親自身が私の存在に全く動揺していないと彼に言ってやりました。彼は、私が歓迎されるゲストであることに安心して、表情は緩み、自分の遊びに戻りました。母親と私は、色々な玩具のメリットを話し合い、母親が電池仕掛けの電車が楽しい音を立てながらカーペット沿いに走る様子を見せてくれました。「素敵だと思うので、もう一度走らせる」と母親は言いました。

ジョージはクスクスと笑い、楽しそうに両手を叩きながら上下に飛び跳ねました。ジョージの父親が、お茶を持ってきて座りました。両親は二人とも私を会話に引き込みました。しかし私たちみんなの注意は、ときどきジョージに向けられ、親のどちらかが、床に降りて彼に何かを指し示したり、手の届くところに持ってきてやりました。いつもジョージは、笑顔で応じていました。両親は私に、「ちょうど今、赤ちゃんが可愛い盛りで、一緒に遊ぶのがどんなに楽しいか」と話してくれました。ジョージの後ろに座っていた父親が、大笑いすると、ジョージはその真似をしました。彼は父親の方を向いて、そっくりの笑い方をし、まるで冗談が分かっているようでした。彼はくるっと向き直り、前にのめってうつ伏せになると、父親の方にハイハイしようとしました。

私がずっと居続けているためか、ジョージはぐずり始めました。父親は彼を抱き上げると、ほって置かれた彼の気持ちについて話してやったあと、抱き締めてやりました。父親の膝の上に数分間いると、床に戻って玩具に向き合う準備ができました。

ドアベルが鳴って六歳の姉ホリーが騒々しく帰宅しました。彼女はハロウィーン・パーティから戻ってきたのでした。ジョージは微笑で彼女を迎えました。しかし彼女は居間のドアのところで歩みを止め、不機嫌そうにしていました。まるで「私のいないところで何やってたの？　どうかしたの？」と言っているようです。彼女は実際にこう言いはしませんでしたが、多少、攻撃的に私に話しかけました。「私、あなたが来ること、知らなかったわ！」母親がこの無作法な挨拶を叱りつけたので、ホリーは少し恥ずかしそうにしていました。彼女は、玉座のごとき暖炉の前の敷物の上にいる小さな弟を睨みつけて押しのけ、クッションを散らかして、父親の腕のなかに飛び込みました。母親がパーティ・ドレスを着替えてらっしゃいと言ったので、ホリーは「そんなのズルイ」と抗議しました。彼女は、アダムの家に「トリック・オア・トリート」(訳注29)に行っていいと言われていたのです。母親は、「もう遅いから、ジョージもあなたも夕食をとらなくちゃいけない」と応じました。ホリーはもう一度弟に敵意に満ちた目を向け、父親のところに戻って、「アダムの家に行かせて」と頼みました……「ほんの少しのあいだでいいから」。母親は少し厳しく言いました。「中間休暇(訳注30)のお楽しみがたくさんあったのだから、もう明日の学校に備えなくちゃいけない時間よ」と。

しばらく話し合った後、話がまとまり、夕食を食べてから、父親に十分間、隣の家へ連れて行ってもらうことになりました。彼女が父親の足元に座ると、父親は、パーティーはどうだったかい、と彼女に尋ねました。とたんに彼女はジョージを違った表情で見られるようになり、手を伸ばして彼を優しくくすぐりました。モニカは、夕食を取りに部屋から出るときに足を止めて、娘と仲直りの抱擁を交わしあいました。

これはかなり典型的な家族の風景です。健康で発育中の赤ちゃんが、遊んでいます。遊びはまるで仕事のようで、彼はさまざまな物に手を伸ばしたり、それを自分の手でうまく操ったり、玩具を動かしたり鳴らしたりしようと夢中になっています。学習能力の始まりと考えられるものがここでみられるのが分かるでしょう。しっかりマスターする

(訳注29) ハロウィーンの時に、子どもたちは仮装して、近所の家を〝trick or treat〟言ってまわり、お菓子をもらう。
(訳注30) Half-term break. 英国の学校では、学期の半ばに数日程度の休暇がある。

まで何度も同じ動作を繰り返し、そのあと別の玩具で実験してみるというやり方です。ジョージの持っている玩具は、年齢や発達段階に相応しいものです。しかしもっと重要なことは、両親が関心を持ってくれて、楽しく関わってくれることです。彼らは赤ちゃんに全神経を向けているわけではありません。しかし赤ちゃんの存在や赤ちゃんがしていることをずっと意識しています。赤ちゃんは時にはぐずり、時には笑顔を見せたりクスクスと笑ったりして、親の注意をひきつけることができます。両親が赤ちゃんと楽しく過ごしていることは、手に取るように分かります。そして両親は赤ちゃんが何かできると積極的に祝福し、その祝福に観察者も巻き込み、赤ちゃんが家族以外の人と新たな違う関係性を持てるようにします。この楽しいふれ合いや達成の祝福は、ジョージの人生の最初の日々から始まっていました。授乳時のやりとりやオムツを換えるときの話しかけなどがそれにあたりました。これらのいわば「会話」は、母親と乳児、父親と乳児、両親と乳児の三人、さらに家族四人のあいだで始まりました。姉が家に帰ってくると、元気でわがままな六歳児が、両親の注目を分かち合う状況を受け入れなくてはならない様子が分かります。ホリーが我慢しなくてならないのは、時には弟の要求が一番になるという現実なのです。この観察では、母親が赤ちゃんのジョージに占有されている時、ホリーは父親の方に向くことができています。そして父親が暖かく応じてくれるので、彼女は暖かい気持ちで弟に接することができるのです。また少しのあいだですが、ホリーは放って置かれたことからの強い苛立ちの感情を観察者に向けることで、その感情に対処できます。ここではホリーの両親が両方の子どもに心を留め、ホリーの攻撃からジョージと観察者さえも守り、彼女が自分の強い不公平感に別の形で対処できるように手助けする様子が見られます。ホリーは、より広い社交世界で新しい関係を結ぶ必要がありますが、両親が彼女の参加するパーティに関心を持つことで、その必要性が援助され強化されます。隣の家に行くと約束した問題は、誰の面目をもつぶさずに実際的に解決されています。そしてホリーが部屋を出るとき彼女にやさしい仕草をすることで、モニカは、両親のあいだに生じたかもしれない分裂を和解させます。さもなければ、ホリーは、母親に対抗して父親を思い通りに操ったと感じていたでしょう。

ほとんど疑いようもないことは、ジョージは第二子なので得をしており、ホリーのエディプス的な感情は、赤ん坊の弟と共に両親を分かち合わなくてはならないという現実によって緩和されるということです。もちろん立場を奪われた子どもが、いつも順応性があり許容的とは限りません。中には、弟や妹に対し、それどころか兄や姉に対して、憤りを処理できない子どももいるのです。親のなかには、子どもが執拗に両親を分裂させようとすることに持ちこたえきれない人もいます。すると家族は時として、性別や外見、性格や興味などで分裂します。そして両親のあいだは不安定になったり、どんどん離れていったりします。

以前に触れたように、最近では伝統的な型にはまらない家族集団の数が、劇的に増えてきています。しかし、子どもたちは、家族を定義せよと言われると、たとえ自分自身がそうした類の核家族の生活を体験したことが無くても、「お父さん、お母さん、赤ちゃん」と今でも言うことが多いのです。とても多くの子どもが、今では片親や同性のカップルや祖父母や里親や養父母と一緒に暮らしています。あるいは継父母や連れ子の兄弟といった、複雑に再構成された家族と暮らしている子もいます。「普通」の家族集団にもそれぞれバリエーションがあり、家族には種々の難問が提起されています。しかしすべてに共通なのは、子どもたちが家族から出て生きるための準備をさせるという任務があることです。そして誰もが、不安、愛、憎しみ、羨望、競争心といった原初的な体験から生じる同じ内的・外的緊張にさらされているのです。複雑な家族構成にいる子どもは、自分の体験の意味を理解しなくてはなりません。そしてその体験を、友達から聞くことやメディアで正常とか望ましいと推奨されていることと比較する術を見つける必要があります。しかしメディアで描かれている家族像自体も混乱させられるものです。テレビのコマーシャルでは伝統的な核家族の姿が描かれる一方、昼メロでは、伝統から離れた多様な関係性が描かれているのです。

家族と学校

子どもたちは、「心のなかの家族」と一緒に登校します。家族での体験や早期に内在化された親同士の関係性が、子どもたちが新しい体験を見つめるときの背景となるでしょう。教師や仲間との関係性は、早期の関係性がたどってきた道のり、そして激しい情緒的体験が抱えられてきた程度によって影響を受けます。学校での最初の数日間から数週間、子どもたちを観察すると、子どもたちが自分自身の不安に対処する能力、抱えられる経験を探しだし活用する能力、仲間と協力的な関係を築く能力について明らかになります。親と過ごした早期の体験から内在化したものに応じて、それぞれが教師に対し異なる転移関係を持つでしょう。強調すべきは、教師と生徒のあいだの転移で明らかになることが、子どもの実際の親を正確に表現しているとは、必ずしも想定できないということです。子どもがいつも教師からの厳しい反応や批判的な反応を予想しているようなら、それは親が厳格であることを示しているのかもしれません。反面、親は実際には優しく寛大で、なぜそんなに心配性の子どもを持ったのか分からないという場合もありえます。内的世界は外的世界のレプリカではないのです。むしろ体験とそこから子どもが意味づけていったこととの複雑な混合物なのです。

子どもが「心のなかの家族」とともに学校にアプローチするように、親は「心のなかの学校」とともに学校にアプローチします。わが子が入学すると、親自身が公教育で体験したことの意識的・無意識的記憶や感情が呼び起こされ、それが親として学校や教師とやりとりする際に影響を与えるのです。これは個人のレベルに生じますが、多世代家族や拡大家族が、かなり固定化した教育観を抱く傾向がある場合には、集団のレベルでも生じます。これはもちろんある程度は、歴史的、社会学的、経済的な要因によってもたらされますが、また内的な家族力動の問題でもあるのです。先に引用した、メルツァーとハリスが書いた、家族の機能やスタイルと「教育力の土壌のパターン」についての論文に戻りましょう。メルツアーとハリスは、多種多様な家族のタイプを指摘しています。書かれてからほぼ二〇年が経過しているので、リストには不備があり、カテゴリーのなかにはいくぶん階級や文化に結びついたものもあるようです。それでも依然として、有益な定式化なのです。ここで少し要約しておきましょう

最初の家族のタイプは、「カップル家族」と呼ぶものです。その特徴は、親としての夫婦がいて、子育てや家族生活の機能を二人で分業して営んでいることです。子どもの成長や社会化や教育に関心を持ち、扶養家族を世話します。家族はコミュニティと相互に影響し合っていますが、コミュニティから引き上げ、プライベートな世界にこもり、コミュニティから独立した活動をすることもできます。この種の家族は、取り入れの機能の点からは高位に位置づけられます。

「人形の家」家族は、ある種の永遠の潜伏期のなかにいて、奴隷のように従順で平凡な生活をしています。警察や医師や教師などの権威や制度は尊重しますが、自分自身の劣等性を受け入れているようにみえて、心の底では本当は道徳的な優越感を持っているのです。この種の家族は容易には違いを本当のところでは許容できません。

「母権的家族」とは、父親が不在ないしは不適切な家族です。そして母親がすべての取り入れ機能を引き受けます。「父権的家族」では、母親は不在か影が薄くなっています。こうした家族の特徴は、誇りを持って独立しているという感覚です。

「ギャング集団家族」には、さまざまなスタイルがあります。しかし同意されたいくつかの原則の周りに、家族のメンバーがしがみつきあっているという基本には変わりがありません。こうした家族は一般的には、子どもや子どもの発達に必要なことへの気遣いを基本としていません。しかし血縁者が重要であると強く公言するでしょうし、もっと広い地域社会からは距離をおくこともあります。子どもへの愛情表現は、多少、感情的だったり、甘かったり、誘惑的だったりするかもしれません。そして人生については、十分根拠のある楽観主義というより、躁的な陽気さがあります。メルツァーとハリスによれば、この種の家族は自分のライフ・スタイルへの肯定を求め、自分が公平と思え

る分の社会資源の分配を得ることに固執します。「ギャング集団家族」は本質的に自己愛的で、家族のメンバーが完全に忠実であることを要求します。

最後は、「逆さま家族」ですが、彼らは危なっかしいパラノイドの状態を生きており、そこでは取り入れの機能はないか、あるいは事実上、ないも同然です。分裂と投影が優勢で、火の車の家計をやりくりするために違法行為へと向かう傾向があります。

この家族スタイルの概観は、集団としての家族が内的力動に対処するために多様な方法を持つだけではなく、外的世界との関係の持ち方も多様であるという事実に注目するという点で、有益なものです。家族は、いくらか自己愛的で、いくらか順応性があり、他人についていくらか批判的で、そして新たな種々の影響にいくらか心を開きます。こうしたことすべてが、公教育をどうみるのか、自分の子どもの家庭から学校への移行に、どう対処するかを決定するのでしょう。家族のもっとも大切な務めは、赤ちゃんを徐々に世の中に導き、赤ちゃんが家族から離れてもっと広い社会的状況へと出て行けるように備えさせることです。ほとんどの子どもが最初に出会う大きなハードルは、家庭から保育園や幼稚園に移ることです。この時点で、学校はもっぱら家族の役割であった事柄の一部を引き受けて、その責任を少なくても次の十一年間、(訳注31)おそらくはもっと長く分担し続けます。

メルツァーとハリスによる家族機能の定式化は、学校機能を描く役割も果たしていると言えましょう。家族と同じく学校は、愛と希望の広がり、痛みを抱えること、考えることの促進に努めています。家族と同様に学校は、パーソナリティの形成の時期を通して子どもたちを保護し、彼らが大人の世界に出るための準備をさせる責任があります。注目すべきは、子どもたちは学校内のそれぞれ個人だけでなく全体としての学校に対しても転移を進展させていることです。安定した家族基盤を持たない子ども、そして同級生や特定の教師との一対一の関係性を用いることのできない子どものことを考えるとき、このことは特に重要な観点になるでしょう。一対一の親密な関係をひどく恐れる子どもは、自分の不安を抱えてくれるものとしての学校（建物や制服、日課や儀式）という組織から、多くを得るかもしれません。

親との協力関係

一九九〇年代後半と二十一世紀には、「親との協調」という考え方に重点が置かれるようになってきました。歴代の政府は、親が持つ選択肢を大きくすると約束してきましたし、親たちは子どもの学校生活に積極的に参加するよう奨励されてきました。小学校は、親からの支援の申し出を受け入れるようになってきています。そして教師たちは、従来よりもはるかに親に会う時間を都合するように期待されています。運営組織には親の代表が入っていて、学校共同体の一翼を担いたい親には、たいてい活動参加のスケジュールが詰まっています。

しかし親にとって子どものケアを教師に委ねることは、さほど単純ではありません。学校行事を準備し、教育に肯定的な見解を持っている家族でさえ、実際に子どもを委ねるのは、それなりに思い切った行為なのです。それは、子どもを一歩進ませて、家族以外の未知の人の影響下に委ねる、親の許容力の最初の大試練なのです。ここで必要なのは、子どもの適応力と戻るべきホームベースである家族文化の力強さに対する自信なのです。家から送り出されることが究極の残酷行為であるかのように、子どもが家にいたいと駄々をこねても、子どもを学校に戻すようにサポートすることも必要です。子どもが教師を大好きになったり友達の家族を理想化した時には、それによって蘇ってくる競争心や嫉妬心に対処することも必要になってきます。

分離と個体化への最初のステップが踏み出せていない家族にとっては、子どもを学校に行かせるという課題はもっと難しくなるでしょう。親が教育に対して複雑な気持ちやひどい敵意を持っていると、やはり厄介なことになるでし

（訳注31）英国の義務教育は、五歳から十六歳までの十一年間である。

ょう。また親は、自分が学校でいやな体験をしていると、意識的には自分の子どもには自分より良い経験をするよう望みますが、これは、無意識に学校が薄情で危険な場所だと伝えているかもしれません。このように、子どもたちは、意識的・無意識的な親の希望と期待を背負って、登校してきます。五歳児でも親と学校との緊張を自覚しており、親への関係と学校との関係のあいだの板ばさみになっていると感じます。お母さんが学校に行ってほしくないと思っていたり、お父さんが教師はバカだと言ったりしたら、どうやって学校に通うのでしょうか。幸いにも、特に小学校の最初の頃はこの種の力動はまれです。というのも、学校教育でいい成果を上げられなかった親たちでも、小学校には楽しい思い出を持っているからです。これに対して、中等教育は、いつもありとあらゆる怒りと非難の的になっています。

親はわが子の小学校と密接に関われることで、初等学習のエネルギーと興奮を経験する二度目のチャンスを得ることになります。小学校はたいてい、学校に来るのを億劫がっている親たちを引き込むことに熱心です。親が新たな移民で、学校での言葉や文化を共有できないときにはとりわけそうです。これが重要になるのは、子どもが家族から離れられなかったり、家族に義理だてて学校に疎遠だったりする場合です。

親と学校の関係は、分裂と投影のための肥沃な土壌となります。子どもたちは、もともと親が持っていた無意識的な疑心暗鬼に、知らず知らず寄与しているかもしれません。また子どもが大きくなると、学校と家庭のどちらか一方を悪く報告することで、故意に学校と親との分裂を利用するかもしれません。子どもや思春期の若者が帰宅して、学校での不当な扱いについて不満を口にすることがありますが、それは親に同情を求めたり、嫌いな教師を困らせることを狙っているのです。同じように教師は、競争心から親との対立に入りこみがちです。教師たちは自分には洞察力があり、子どものことを親よりよく理解していると信じているのです。子どもはときどき教師に、家族に理解されていないとか、恵まれていないとか、虐待されているなどと思い込ませます。もちろん虐待とかネグレクトが現実のこともあり、教師はこれに対処しなくてはなりませんし、学校はこの可能性を警戒すべきです。こうしたことすべては、教師と親がお互いに話し合い、意見を共有することの必要性を示しています。

子どもが何らかの困難な状況にあるときには、教師と学校の関係性はもっとはるかに難しくなります。校長から呼び出されるという体験は、たいていの親にとって絶対にいやなことです。そのことを尋ねられた親が話していましたが、まるで自分自身が学校生活に戻って、品行がひどく悪いことの釈明に呼び出されたかのように感じたそうです。あらゆる思い出があふれ出し、大人であり親としての自分をしっかり支えているのが大変だったようでした。ある夫婦は、自分たちができの悪い親であり、子どもの問題で責めを受けるのだと感じました。あるシングル・マザーは、「すべての原因は息子に父親がいないせいだ」と校長が言うと確信していた、と言いました。学校から呼び出された問題が、成績の悪さにせよ、問題行動にせよ、親は学校での面談の前からもう落ち込み、非難され、責められている気分でした、とよく報告します。

こうした感情に対する親の反応は、それぞれの親自身の内的世界や家族スタイルによって違うでしょう。メルツァーとハリスが論じた「人形の家夫婦」は、過度に従順で弁解的になるでしょうし、「ギャング集団家族」は、外面的には従順ですが、心のなかではむしろ軽蔑的でしょう。「逆さまファミリー」の場合は、公然と軽蔑的でどんな不安をも寄せ付けないでしょう。「カップル家族」、つまり自分の気持ちを意識し、自分のことを考えられる家族のことですが、この家族は、本当の意味で学校との協力関係を築けるようです。もちろんこの種のじっくり考える機能は、学校組織の受容する力にも同じくらい左右されます。

第十二章　査定、評価、視察

二〇世紀の初めの頃には、教室は今よりはるかにプライベートな空間でした。書物や映画によると、教室の特徴は、閉ざされたドアの内側で、教師と生徒が戦いを繰り広げる場所だということでした。校長が時折、見回ることは、歓迎されない訪問でした。当然、親は、学校の式典に招待されたり、校長から呼び出されて子どもの不始末の説明に行くときは別として、学校のなわばりを「侵犯」すべきではないと思われていました。

それに比べれば、二十一世紀初頭の教室はとても公的な場所です。高窓でレンガ造りの学校はなくなりました。代わりに重要視されているのが、ガラス張り、可動式の仕切り、オープン・プラン、(訳注32)多目的な設計です。学校の周囲には監視カメラが張り巡らされ、運動場や食堂を警備するスタッフもいます。教室の子どもたちに二人以上の教員スタッフがつくのは、今や普通のことです。そこにはクラス・アシスタント、サポート・ティーチャー、担任教師、ボランティアの親がいます。指導主事、視察官、研修指導教官もいます。教師たちは、お互いのクラスを自由に行き来し、親も自由に出入りしています。相互評価プロセス、教育の質の保証、視察もあります。

こうした展開の多くは、透明性や説明責任の向上、虐待的行為の根絶への手段として歓迎されています。しかしその一方で生徒や教師を、ひどいさらし者状態に置くことになりました。教師、生徒、あるいは両者が争っていれば、それはすぐに周知のことなってしまうでしょう。そしてそれは広く知られる結果を生むことにもなるでしょう。学校は教師の実績で判断され、教師の実績は生徒の成績で判断されます。現在の流れでは、標準学習到達度試験（ＳＡ

T）の結果、オフステッド（Ofsted）[訳注33]報告書、成績ランキング、退学率が、実績（成否）を計るとても重要な指標になっています。国語と算数の基本的水準を上げることの利点は、明白です。しかし多分それがいかなる犠牲を強いているかについては、まだ十分に考慮されていません。アンドリュー・クーパー（Cooper, 2001）が、統制と検閲の文化においては創造性が脅やかされることを、説得力のある論拠を示しながら指摘しています。「現在のような評価熱が生まれた原因は、手違いや大失敗といった組織的失態への恐怖、そうした失態の責めを自分以外のところに突き止めたいという根深い欲求にある」と、クーパーは示唆しています。彼はさらに、「私たちは皆これを受け入れ、頭のなかはこれに占領されてしまっている。政治的レベルでは、私たちは、市民としての活動という点で、あるいはむしろ何も活動しなかったという点で、このような展開に深く関与してしまっている」と述べています。

本章の目的は、社会‐政治的な影響ではなく、個々の教師や生徒が査定や評価や視察をされる情緒的体験を見ていくことです。こうしたさまざまな水準向上の戦略的アプローチに関わっている教育学者たちは、現在のやり方は公平を目指しており、子どもたちはすぐにテストされる体験に馴れて平気になる、と言うでしょう。またプレッシャーに対処しストレスの下で学習することは、大切な経験であり、仕事の世界で競争できるには学ぶべき経験であると、言っています。このような議論は、ある想定のもとに成り立っています。つまり子どもは成功したいという気になるだろうし、失敗すればもっと一生懸命勉強するだろうというのです。ここでほとんど語られていないのが、失敗体験の繰り返しがもたらすひどい影響についてです。罰することが、それ自体では改善には至らないのと同様に、失敗自体が成功への決意を生むことはほとんどありません。査定を回避して、それ以上の屈辱を避けようと決意することの方が多いでしょう。

（訳注32）室内空間を用途別に間仕切ることなく、部屋の広がりを活かして使おうとする間取りの考え方である。
（訳注33）各学校を定期的に視察し、教育水準を監視する政府機関。各学校の視察のレポートはインターネット上（http://ofsted.gov.uk/）に公開されている。

もちろん査定は、つねに教育の一部でした。こうしたプロセスが今や教育構造の重要部分となっているという事実は、その経験が対処しやすくなってきていることを意味しているのでしょう。これまでのように、たった二、三日の大きな審判の日に照準を定めるということはもはやありません。一九五〇年代と一九六〇年代には、「イレブン・プラス」という試験（訳注34）がこの教育システムを支え、あらゆる小学生の間近で脅迫的に付きまとっていました。学校のホールか体育館で机に向かい、まるで馴染みのない試験用紙に取り組む一日で、すべてが決まるのです。その試験結果でクラスは半分に分けられますが、その境界線は、教職員にとっても生徒にとっても試験などしなくても、正確に予想できたものでした。「離れ離れにならないようにしようね」と友達同士で誓うのですが、夏休みが終わるころには、気まずさが忍び寄っていました。九月には、新たに分けられた二つのグループは、違う制服で違う方向へ踏み出します。そこには、誰が明るい将来を期待でき、誰が二流のところで妥協しないといけないのか、とてもはっきりと意味づけがされています。二つの世界を行き来することも可能ですが、それができるのはもっとも意志強固な者だけです。現在の状況は欠陥を有してはいるものの、これほどの残忍さを再現してはいません。

観察されることと評価されること

それでは、内的状況はどうなっているのでしょうか。こうしたことのすべてでは、それぞれの発達段階で個人の内側で起こり続けていることと、どう連動するのでしょうか。観察されるということが、なんらかの形で判断され評価されているという概念を帯び始めるのは、発達のどの段階でしょうか。家族やコミュニティという設定のなかでの乳幼児観察から分かることは、概して乳幼児は見られていることを気にしないということです。彼らが実感したいのは、自分が大人（もっとも重要なのは、主たる養育者）の興味を引くことができ、自分のスキルや成果を誇示できるということです。確かに、注意深く見られることで、子どもは自分が気に留めてもらっているという経験をします。たとえば託児所の子どもたちのほとんどは、積極的に大人の注目を得ようとします。その注目の量が限られているなら、子どもたちは競い合うでしょう。こうした初期段階では多くの場合、観察を通して、注目されようと奮闘する子と諦めてそっぽを向く子を見極めることができます。奮闘する子のなかには、情け容赦なく、他の子どもの要求への気遣いもなく振る舞う子もいるでしょう。もっと仲間を意識して、うまく注目を共有できる子もいるでしょう。そっぽを向いた子のなかには、自分に専念する方法、つまり自分の不安に対処する方法を見つける子もいますし、心が落ち着きをなくしうろうろしたりする子もいれば、ぼうっとしてしまう子もいるでしょう。

通常の恵まれた環境では、こうした保育園の子どもたちが求めているのは、母親や主たる養育者から受けてきたような肯定です。多くが順応しなくてはならないのは、新たにある程度家庭や母親から離れ、他の大人から安心感を得ることができるかもしれないし、あるいはそれがうまくいかないかもしれないという状況です。なかには早期の体験があまり良いものでなかった子もおり、そのような子どもが自分勝手に要求しているようにみえることは、必死に埋め合わせを求めているものかもしれません。同様に、抗議してもいいところで抗議しないのは、身についた「お行儀の良さ」かもしれませんが、逆に、自分が特別だとか大事な子として注目してもらうのを諦め、抑うつ状態であることの表れかもしれません。ここでこうした点を列挙してきたのは、これはこれまで乳幼児期における学ぶことの根源について述べてきたことと結びついているからです。学ぶことは、関係性のなかで始まります。乳児は、母親を、自分の不安を理解してくれ要求を満たしてくれるために、自分が経験していることについて積極的に考えてくれる人として経験します。乳児は母親の愛情ある眼差しを心に刻みますし、相互のやり取りがうまくいけば、生き生きとして楽しい関係性が生じて、子どもが何かできるようになると歓迎され祝福されます（第三章と第十一章を参照）。この時期に、何らかの理由で、抱えられる経験を内在化せず、高いレベルの不安と内的過敏さを残したままの乳児もい

（訳注34）かつてイングランドとウェールズで十一歳児が、大学進学の可能性がある grammar school か 基礎学力や実務教育を重視する secondary modern school かのどちらに進学するかを決めた選抜試験。

ます。これが、競争や審査されるというプレッシャーに耐える力を十分に備えない内的構造の始まりかもしれません。もちろん観察される個人や集団の心のなかでは、どんなに優しい観察者でも迫害者となりうるのです。見られているのを自覚することは、自分がしていることを自覚するようになるということです。自分がしていることに不快感があると、そのような不快感は観察者に投影される可能性があり、すると観察者は歓迎されない存在になります。

三歳児の観察事例

ケビンは赤ん坊の弟におやすみのキスをしたいと言い張って、弟のリーアムのベッドに覆いかぶさりました。ケビンはリーアムの顔からわずか十五センチくらい離れて止まり、リーアムの目を覗き込んでいました。その時点では、ケビンはやさしそうな様子でしたが、次に何かしでかすのではと私は心配に思っていました。私は、ベッドの柵をしっかりと握っている彼の指がすこし危なっかしく曲げられているのに気付きました。突然そのこぶしが滑って、ケビンはほとんどリーアムの頭の上に落ちそうになりました。彼はバランスを取り戻し、急に私の存在に気づきました。彼は私に敵意の眼差しを投げかけて、自分の顔を覆い、キッチンに駆け込みました。そして母親の膝のなかに顔を隠しました。私があとを追うと、彼は指のあいだから私を覗きました。そして彼は頭を上げ、私がとても居心地悪く感じ始めるまで、長いあいだじっと私を見つめていました。彼が私の気持ちを読んだ、それとも「私が彼の気持ちを読んだ」と彼が思った、と私は感じました。

査定に直面したときに働く防衛機制

この種の投影メカニズムは、観察される体験、査定される体験、試験される体験に対する反応の根源に存在し続けます。アレックス・コーレン（Coren, 1997）によれば、私たちは、転移のなかで、査定者イメージを、私たちの希望や必要性に応じて作り上げるのです。

> 超自我や良心と呼びうるものをこのようにして外在化するが、それは私たちのところへ戻ってきて、他の同様の対象と同じように、罪悪感、不快感、不適切な能力しかないという感覚を呼び起し、私たちを悩ますのです。そうして私たちに大量の潜在的な迫害不安を引き起こす力をもっているのです。（Coren, 1997, p.162）

私たちは、視察者や採点者や試験用紙そのものまでをも、いとも容易に悪魔呼ばわりするなどして、さまざまな方法で、評価される不快感を取り除こうとします。システムを不公平だとして跳ねつけることができれば、試験の結果は取るに足らないものだと信じることができます。教師や校長、地方自治体、政府など、誰かに予想される失敗の責めを負わせることができたら、いずれにせよ無能感や責任感や罪悪感から自分自身を守ることができるのです。

避けがたい事実は、あらゆる形式の試験や査定が、合格の可能性と不合格の恐れを伴っているということです。そうしたものは、みんなが同じではありえないという事実を強調します。自分を取り囲む状況だけでなく、私たちは能力や習熟度によっても分けられるのです。良くできるということは、人がそれよりできないか不合格であるということを意味します。成功することは、喜びと満足をもたらしますが、不合格だった人々を打ち負かしたという不快感ももたらします。自分のしたことは、自分の力不足や不正が見つかり暴かれる日を先送りしたにすぎないという恐れの気持ちが増大するかもしれません。教師たちの話によれば、視察前に見るもっとも一般的な夢は、気づくと公の場所で服を着ていない自分がいたり、メモも持たずに聴衆の前にいたり、授業計画もなしで手に負えない子ども集団を教えているというものです。教師の同僚の一人が話してくれた夢は、スキー・ツアーのチケットを持っていることは百も承知なのに、ビキニ姿で空港にいるというものでした！

教師にとっても親にとっても、自分のしている仕事に対して自分が力不足であったり、不適任であるという不安感は根深く、現実的なものです。保育園児にとっても同じで、彼らは他の子どもとの比較が公的な外的現実となる世界へ最初の一歩を踏み出しているのです。本章の残りの部分では、現代の教育システムの一部をなす査定のいくつかの方式と、個人や集団や教育機関への影響を、さらに詳細に見ていきます。教師や生徒が評価されるメカニズムは変化し続けるでしょう。しかしその内的力動は変わらず同じなのです。

査定の良い面

アセスメントや評価をされることが役に立つ人が、子どもでも大人でも多くいるのは、疑いありません。学年末試験のような試験の構成であれ、定期的提出物であれ、不安を抱えてくれるような構造を提供する点で、重要な機能を果たします。それは勉強の目安や見通しを与えてくれますし、さもなければまとまりがなくなるような不安を抱えるような構造を提供しています。テストは知らないことや取り組まねばならないことに直面させますが、それが役に立つこともしばしばです。困難を拒否したり「知らない」という体験を回避する傾向に対して、現実吟味をしたり取り組んだりする重要な訓練になる場合もあります。テストでうまくやったり、相互評価プロセスにおいて自分の仕事が高く評価されたりすることは、その人にとって非常に強力な支えとなりうるのです。

標準学習到達度試験（SAT）

以下のものは、二年生（七歳）の観察からの抜粋です。これはサポート・ティーチャーが書いたもので、早期の査定が子どもや親、教師にあたえるインパクトの一部を示しています。観察者がこの制度をどう考えるかも明らかにしています！

私は教室のなかへ入ると、すぐにSATの日だと気づきます。子どもたちがお互いに少し距離をおく形で、机が並べられています。先のとがった鉛筆と試験問題が置かれ準備されています。私は部屋の反対側にいるG先生を見て、眉を上げ、目で試験問題を指し示しながら、微笑みかけます。彼はしかめ面をしています。ウィリアムは母親と一緒に入ってきますが、突然、腕をぎゅっと母親の腰に回して母親にしがみつきます。彼は、母親の上着のなかに顔を埋めます。戸惑いながらも、母親は優しく子どもの腕を解きます。子どもは机の方を身振りで示します。G先生は、来て座るようにとウィリアムに言い、他の子どもたちに、机の周りをうろつくのを止めさせます。母親の一人が試験問題に気づいて、「大変、SATだわ！」と言います。親たちは声高にささやいて、このニュースを回し始めます。G先生は、きわめて冷静で威厳に満ちた態度で、親たちを外に出し、子どもたちを導き入れます。

たくさんの子どもが欠席しているようです。おおよそクラスの四分の一くらいでしょうか。クラスがカーペットの上に集合すると、G先生は出席をとりますが、欠席者の数については何も言いません。そして子どもたちに、「今からスペルの試験をやります」と言います。G先生は、子どもたちがスペルについて、学んだことをいくつかおさらいしたいと思います。「聞いた単語のつづりを書こうとする時に、どんなコツがありますか」とG先生は尋ねます。ティローンは隣の子に話しかけています。G先生が「静かにするように」と言いますが、ティローンはお喋りを続けています。G先生は怒って「立ちなさい」と彼に言います。「静かにしなさい。もしできないのなら、部屋から出て行きなさい」とG先生は彼に言います。ティローンは、頑固に後ろを見ています。G先生は、「一日中待つつもりはない」と言います。ティローンが反抗的に「知らない」とつぶやくと、G先生は「向こうの机に座りなさい」と怒鳴ります。ティローンはノロノロと机の方に歩いて行き、ドスンと椅子に座ります。G先生は顔を紅潮させ、うんざりした様子です。

G先生はナタリーに、「難しいスペルを考えるとき、どうやったらいいか覚えていますか」と尋ねます。ナタリーは、「頭のなかで言ってみて、自分の口から取り出すんです」と自信に満ちて答えます。彼女は両手を口の前に出し、親指と人指し指をくっつけた状態で、両手をゆっくりと水平に離していきます。グループは少しリラックスして、子ども数人がその身振りを繰り返します。G先生はナタリーをほめます。そしてティローンを呼び戻して自分の足元に座らせ、許すよという様子で髪をなでてやります。子どもたちは一人ひとり、自分の座る場所を告げられます。G先生は、三つの机を監督してくれるよう私に頼みます。子どもたちは自分の席に行きます。キースは、椅子を動かして隣の子の近くに寄せますが、「離れなさい」と言われます。彼は怯えているように見えます。ジャニーンは自分の机に頭を突っ伏しています。複数ページあるＡ４サイズの試験問題を前に置かれて、子どもたちはとてもちっぽけに見えます。

標準学習到達度試験は、一九九八年にナショナル・カリキュラム（訳注35）のすぐ後に導入されました。七歳と九歳と十一歳に実施され、数々の査定の目的を果たせるよう考案されています。一人ひとりの達成度と将来の成長のために、その潜在能力の指標となります。また同時に、教師や管理職、理事や地方自治体に対して、成果の尺度ないしは全体としての学校の尺度を提供しています。ですからこれは非常に重要で、多分に心配の種となります。成績ランキングの位置や予算など、とても多くのことが、試験の全体結果によって決まるので、かなりの緊張が生まれます。時として学校が、必ずしも子どものためにはならないことをしてでも、できうる最良の成績を達成する方法を見出そうとすることは確かです。ある校長は、ＳＡＴの週はいつも、問題のある子どもを排除する機会をうかがいたいという誘惑にかられると告白しました。それが子どもを新たな失敗体験から守り、同時に担任のぐらつく自信を支えることにもなるというような理由を挙げて校長は、自分の気持ちを弁明していました。

最年少の子どもたちは、この外部から課せられた試験のもつ意味を気にかけてはいません。しかし親や教師が示す心配には、十分すぎるほど気づくでしょう。またそれが競争であり、クラスメイトはライバルでもあるということも、子どもたちはとてもはっきりと気づくでしょう。多くの子どもにとって、クラスの大勢のうちの一人であるという単純な事実が、強烈な同胞葛藤の感情をかき立てます。そしてこのテストは、誰が一番で誰が先生やママのお気に入りの子か、という無意識の重大な関心事に直接的に働きかけます。こうした不快感や望まない感情に対処する無意識の戦略は多種多様ですが、こうした発達の早い段階では、おそらく比較的分かりやすいものです。子どもは、いらだったり、わがままになったり、ニタニタ笑ったり、落ち着きをなくしたり、回避的になったりします。また内向的になったり、泣き虫になるかもしれません。なかには尿や便を漏らしたり、吐く子もいます。どんな不安も否認し、自分の才能を見せびらかすチャンスを楽しんでいるような子たちもいます。もちろん、難なくその体験を切り抜けられる子どももいます。こうした子どもは、良い成績を出そうと頑張る一方で、期待はずれでも、それに対処する力を持っているのです。

成績ランキング

成績ランキングは、「市場優先」システムのまさに権化です。トップの学校は、細心の注意を払ってその地位を守りますが、順位が最下位の学校は、「ビリの等級」と公に認定されて意気消失の感情と闘うことになります。新しい「加点」システムは、それぞれの学校が地方の環境や新入生の状況において、異なる位置からスタートしていることを認めようというものです。経済的に恵まれない地域の学校は進歩をみせますが、経済的に恵まれた地域の学校と本当に伍することなどできないのです。一九七〇年代と一九八〇年代に、選抜教育による社会的分裂の影響を終わらせようと総合学校を導入した改革がなされました。その理念は、人と競争するのではなく、それぞれの生徒の持つ潜在

（訳注35）イングランドとウェールズの公立学校に適用されているカリキュラム。必修教科・到達目標などが規定されている。

能力に照らし合わせて、その生徒の進歩を計るというものでした。成績を伸ばすように促されはしても、人との比較で自分の位置を際限なく確認させせられることはなかったのです。

このように過去に能力混成方式の教育が支持されて、能力別教育は却下されました。ところが現在では、子どもたちだけでなく、学校自身が、効果的に「能力別に編成される」システムになっています。ランキング・システムは、経済的および社会的状況を考慮した「加点」による調整が行われているとしても、大変大雑把な達成尺度に基づいています。到達度の高い利口な個人や集団は、自分が無能や愚かだと感じる気持ちを、自分より劣る者のなかに投影できます。つまり「トップ」の学校は、「失敗」のすべてを達成度の低い「お隣さん（近隣校）」に据えることができるのです。個々のレベルでは、成績の芳しくない子どもは受け身的に落ち込むか、積極的に破壊的になります。組織レベルでは、成績の良くない学校は抑うつが繁殖する場所となるか、羨望や憤りや敵意の態度が無意識的に促進される場所になりえるのです。

視　察

子どもや若者は、教師や校長にとってオフステッド報告書や成績ランキングが重要なものであることをとても意識しています。今日ではほとんどの学校で、全員が全力を出し切ってがんばらないといけないことがはっきりと示されています。子どもにとって学校のために頑張れという要求は、言葉にされるか否かはともかく、行儀良くして「親の名誉」になれと要求されているのとほとんど同じことです。そのときの彼らは、転移における強力な内的力に服従させられています。それは学校の利益となるかもしれないし、まったく逆かもしれません。こうした一人ひとりの反応の寄せ集めに加えて、集団プロセスの影響があります。そしてこれらの結果がどのようなものになっていくのか、予測がつかない点が憂慮されるのです。

オフステッドの視察の週に自分のクラスがすばらしく頑張っていると、実にたくさんの教師が報告することは、興味深いことです。そこには一体感があり、みんなが協力し合って、最高のショーを見せるのです。これは通常、共通の敵である試験官のチームに対して団結することを通して達成されます。視察が設定されるプロセスは、分裂を招き入れます。学校は嫌悪と恐怖のすべてを視察官に投影し、そのため一時的ではあっても、自分たちの内的な不和を脇に押しやれるのです。すべてがうまくいけば、共通の目的をもった一体感は、おそらく全プロセスを通して続くでしょう。良い影響が長続きする貴重なチーム作り体験となるでしょう。他方、事態がさほどうまくいかないと、内的な裂け目や分裂が姿を見せ始めるかもしれません。行政は積極的に「名指しし恥じいらせる」[訳注36]政策を促進しています。これはすべて、いとも簡単に職員室や教室内で起こりえます。弱い教師は、みんなからの投影の受け皿になりうるのです。自分自身の失敗だけでなく、みんなの失敗の責めを負うのです。

相互評価

知っている人から観察され評価され査定されることは、赤の他人に視察されるのとは大きく違う体験です。見知らぬ人に、敬意や疑いを投影するのははるかに簡単です。敬意を表する理由もなく、多分、二度と会わない人物だからです。名前も知らず姿も見ない採点者には、さらにたやすく何でも望むものを投影できます。査定者が、身近な同僚ややすぐうえの管理職だと、すべてがはるかに困難になります。両者のあいだに実際上の関係が続いている状況があると、意識的・無意識的プロセスが絡み合い、それを解きほぐすのがもっと難しくなります。

（訳注36）特に犯罪歴のある小児性愛者に対する犯罪抑止力を狙って、活発に地域レベルで行われている政策。犯罪者の名前や犯罪歴を新聞や地域の広報に公表することで、再犯抑止を狙ったもの。今では対象がギャング行為や暴力、麻薬等の反社会的行為に絡む犯罪歴のあるティーンエイジャーにまで及び物議をかもしている。

相互観察の行為が評価システムというよりは、サポート・システムとして設定されているものもあります。たとえこれがうまくいっている時でも、実際に時々うまくいくのですが、当事者が裁かれているという感情から完全に解放されるようなことはありえません。外的な影響はないかもしれませんが、内的影響はあるでしょう。そのような関わり合いでは、競争心や羨望、また、同胞を打ち負かしたことに伴う仕返しの恐れや罪悪感から完全に解放されることは決してありえないのです。

二〇〇二年に校長の裁量で何人かの教師に導入した給料の評価スライド制のように、相互評価が実際の外的な結果をもたらすと、きわめて込み入った事態になります。私たちはみな同僚に対して、特に何らかの権威や権力を持つ立場にいる上司に対して、すでに確立した転移関係を持っています。私たちは、校長やそれに相当する人が自分をどう考えているか、彼らが正しいかどうか、彼らが公平に判断すると信じるかについて想像をめぐらします。管理職が私たちのことを知らないとか、知りすぎているとか思うかもしれません。自分の能力を彼らに納得させるという課題に直面すると、過去に自分の弱点を話した時があったのを後悔するかもしれません。私たちは管理職の意図を疑い、無意識的には自分自身の意図を疑うかもしれません。本章の始まりの部分で記述された無意識のプロセスすべてが、活動を開始するのです。成功すれば、それが自分に相応しいのか、現実の改ざんと同僚の犠牲の上のものなのか、と考えるかもしれません。あるいは、報奨がもらえなければ、他の誰かはもらっているのに、自分はなしで我慢できるのかと感じるかもしれません。また、「ひいきされている兄弟」のように、同僚に対する敵意の感情をどう処理するのかという問題があります。

不安は、査定する側もほとんど同じくらい大きくなりえます。たとえば、同僚についてとてもよく知っている、または知っていると思っているが、自分が査定者として、公正な判断を下す能力があるのだろうかという疑念が起こるかもしれません。あるいは、その同僚に対する好き嫌いにどう対処したらいいのか、という問題もあります。どうやってその同僚に対する羨望や競争心を処理したらいいのだろうか、と悩むかもしれません。同僚が一度私に話してくれたことによると、ある社会人学生のレポートについての自分のコメントをもう一度読んでいて、「このレポートを（読むのは、とする代わりに）書くのは楽しかった」と自分が書いていたのに気づいたそうです。彼女は、自分がこの学生の能力に対する無意識的羨望を行動化していると悟って、困惑しました。ある作家は、著名で評判の高い仲間の名前のスペルを何度も間違えているのに気づきましたが、そこには同じようなプロセスが動いていました。自分より先にやってきて、すでに評価の確立した作品を生んだ「年上の兄弟」に敬意を表さなければならないのが、とても我慢できないかのようでした。注目すべきなのは、いかに頻繁に学生が自分のレポートのなかで、指導教官や著名な著者の名前のスペルミスをするかということです。まるで自分たちの「親的」な人物の業績を綿密に見るのが耐えられないかのようです。

相互評価という課題の複雑さを見れば、児童や生徒間に行う方法として、本当に適切であるかというのが問われるべきでしょう。現在、ピア・カウンセリングを実施する学校や大学が増加してきています。以上の議論が、十分な構造や訓練やスーパービジョンの規定なしで、こうした方法を拙速に取り入れることへの警告となることを望みます。小学校の「サークルの時間」（輪になって話し合う時間）という比較的単純なアイデア、あるいはこれから生じる「友達の輪」として知られる進展を考えても、このことは明白です。「友達の輪」では、子どもたちはサポート・グループを作って、孤立している仲間や破壊的な仲間がクラスに入れるように手助けすることを求められます。そのプロセスは、その子どもの問題点についてクラス全体がオープンに話し合うよう促すことから始まります。これは、もし非常に慎重に進めていかないと、クラスのなかに、自分たちが道徳的に優位に立っているとみなす子どもたちがいる一方で、問題があるとみなされる子どもたちがいるという、とても破壊的な類の分裂が生じることを容認してしまう可能性があります。

繰り返される失敗のインパクト

繰り返される失敗が、人のパーソナリティに破壊的影響をもつことは、疑いようがありません。マイケル・ラスティン（Rustin, 2001）は次のように述べています。

失敗体験のせいで、人はその体験のことを考えなくなったり、屈辱的または辛い体験をさせる設定に関心を持たなくなったり、その設定やそのなかの権威を攻撃して自己防衛するという気持ちになるかもしれません。
(Rustin, 2002, p.203)

ラスティンは、これが個人や社会全体に壊滅的な影響を及ぼすと主張しています。彼によれば、教育にそっぽを向く子どもには、その才能を発達させるための場がありません。私が最近聞いた思春期の少年ウィリアムの場合、中等教育修了試験（ＧＣＳＥ）の科目を数えてみると、二年のあいだに八教科から二教科（数学と国語）に減らされていました。その後、彼はまったく学校に通うことをやめてしまいました。そして彼は、学校の成績表に完全な落第生として載り、学校のランキング順位を最下位に落として、学校を罰してやる、と母親に言っていました。彼に言わせれば、最下位が彼の学校にはふさわしいのです。これは、人が壊滅的な外的・内的状況に直面したときそれを投影することで対処しようとする傾向の深刻さを物語っています。しかしこの話が悲惨なのは、学校を罰しようとしたためにウィリアムは、自分自身の将来を真っ暗なものにしてしまったということです。

繰り返された失敗は、組織にも破壊的な影響をもたらします。オフステッド視察官たちには、「うまくいっていない学校」を見極める権力があります。その後こうした学校は「特別措置」の下に置かれます。つまり再視察前に達成すべき目標リストが与えられるのです。予算の管理力を失い、新しい教職員の任命も制限されるという「罰」を受けます。特別チームに引き継がれるか、民営化されるかという恐れの下で存続します。そうなると良い教員スタッフを雇用したり、新入生を集めることも難しくなります。ロス・モガー（Moger, 1999）が、ひとつの学校が「特別措置」下に置かれるときの影響に関して述べています。彼女はいくつかの論点を要約しています。

私にとって逆説的に思えるのは、学校の水準を押し上げるために設定された、外部視察のプロセスは、短期的には、主要課題により集中させることで改善や高い達成度を生んでもおかしくないということです。しかしそれは、教師のあいだに防衛的な反応も誘発し、そういう反応からは長期的な専門家としての自信や成長は生まれません。心理力動の用語で言えば、外的脅威は持続的な重荷になり、教師は何とかそれに耐えようとしますが、それは教師たちを「基底的想定」（Bion, 1961）的な集団活動に引き戻してしまいます。定期的な視察は、生き残るために「努力をする」ことを教師たちに求めています。教師たちは機に応じて力を発揮しますが、そのために、総合的な視点から時間のかかる課題に取り組むためのエネルギーや自信はほとんど残されていません。しかし真に定着するような改善を行うためには、学校はそうした課題に取り組むことを必要としています。社会のために実行困難な課題に取り組む教師は、視察によってうまくいっていないと告げられると、その失敗の全責任を負わされます。ホリデイル校[訳注37]のような学校の場合は、そのダメージを償うためにさらに一所懸命に働くのです。

私が答えられない問いは、迫害的な風潮がより少ない環境でならこの学びは生じえただろうか、そしてそれは質的

（訳注37）Hollydale School. ロンドンの南東部の剥奪地域にある小学校。二〇〇三年のオフステッド報告書によれば、三〇〇人の子どものうち、五分の四は民族的マイノリティに属し、三分の一は英語が母国語でなく、子どもたちが話す言語は十以上である。経済的に恵まれない家庭の子どもが多く、半分近くの子どもの給食費は無料である。四分の一の子どもに学習障害がみられる。

に違っていただろうかということです。そうした極度のプレッシャーの下で、そのような学びがどの程度まで維持できるかという問題があります。

書いたものを提出すること

自分の考えを紙に書く行為そのものが、潜在的な無意識的意味によってまったく違ったものになります。ごく一部の子どもにとって、字や絵を書こうとする早期の試みは、大変な重大性を帯びます。そして彼らは、自分の能力が広がる具体的証拠を自分と同様に、両親も興奮し感動していると期待します。彼らは、こうしたスキルが幅広い世界で高く評価されるものであり、それをマスターすることで、ありとあらゆる特典をもらえるパスポートになることを、とても素早く理解します。達成には段階があり、自分の能力が仲間との比較で判断されることを、彼らはすぐに理解します。多くの子どもにとって、ここはトラブルが始まるところです。なかには素晴らしい運動スキルをマスターするものの、単語を書き写す以上には進めない子どももいます。彼らは、どうやっても自分のアイデアや考えを紙の上に移せないのです。何時間も費やして素晴らしく巧みな作文を生み出そうとしても、ほとんど仕上げることができません。なかにはアイデアを持っている子どももいますが、隣の子のように綺麗に書けないとか、自分の書いたものが心のなかにあるイメージとは違うという事実にとても耐えることができません。こうした子どもは、作文の時間を避け始めるかもしれないのです。極端な場合には、課題をやってもすぐにグチャグチャにするかもしれません。なぜなら自分の期待通りにできなかったか、あるいは先生が「うまくできてるよ」と言っても馬鹿にされたとか嘘をつかれたと感じるからです。子どもの内的自画像と完全に食い違っている場合には、賞賛はほとんど価値がありません。非常に嫉妬心の強い子どもは、他の子どもの作文を中傷したり、盗んだり、破損したりしようとするでしょう。何も面白いことを書けないと思ったり、最後まで間違わずに書けないと思って、ますます深い絶望に陥っていく子どもいます。

こうした情緒的体験の傷跡は、公教育のあいだじゅう、そしてその後にわたっても残ります。一つの作文を査定のために提出するというのは、いつも非常に重要な瞬間なのです。この経験は必然的に自分自身をほんのちょっと手放し、人の目にさらして見てもらうという体験です。アレックス・コーレン（Coren, 1997）は面白い主張をしています。学術論文は、多くの場合、約九カ月の熟成のあとに完成されますが、出産と意義深い類似点があるというのです。この類似性はさらに解釈を進めていけると思います。エッセイや学術論文、あるいは時間をかけた著作なら何でも、その完成の瞬間にはある共通の体験が伴います。その作品を自分の手元から離して、それ自身が持つ真価と運命を共にさせるという部分があります。しかしそれだけでなく、自分が書かなかった論文の喪失を嘆くという部分もあります。論文を書き終えれば、あなたにはその論文があります。しかしその代わりに書いたかもしれない他の論文はすべて、あなたにはないのです。論文をひとつ書きおわるたび、別の論文を書いたかもしれないという可能性に終止符をうちます。それは、赤ちゃんが生まれたときに、自分の心のなかにあったその赤ちゃんや他の赤ちゃんたちのイメージを手放さなくてはならないのと同じなのです。ある意味では、生まれなかった赤ん坊のことを嘆くのです。多くの人が、ひとつの仕事をやり遂げたときすさまじい喪失感を覚えたと語ります。それは、ほとんど産褥後鬱病に似ています。

試験の不安

本章で明らかにされた不安の多くは、試験を受けるという難題の周辺に具現化されています。たとえ平常点によってその結果が予想できるものであっても、「最終」試験はドラマティックな合否という「突然死」のイメージを伴っています。これですべてが明らかにされて、自分が見せかけか天才かが暴露される瞬間になるのだろうかといった不安が起こるのです。コーレン（Coren, 1997）は、「だから試験は、私たちの投影の総計を象徴しているし、転移の対象としては、以前に精査され評価され、受け入れられた経験、あるいは拒否された体験を再び想起するのです」と示唆している。加えて、多少、試験は大きな移行の節目を区切るために設置されています。つまり小学校か中等学校、中等学校から専門学校や大学、そして学生時代と社会人という移行という節目です。学校の卒業や終了試験を受ける学生は、ひとつの組織から出て行くというプロセスにいるだけではなく、自分の人生のひとつの時期が去り、新しい時期に突入してもいるのです。試験が不安で何もできなくなる学生は、人生の次の段階に進むのが嫌だったり、心の準備ができていないために、必死でそれまでの発達段階にしがみついている場合があります。

まとめ

現在の教育システムは、この章で概観してきた問題に継続的に立ち返り、再検討する必要があります。教師は、繰り返し評価と視察を経験します。教師は、自分自身と自分の生徒の達成度で判断されます。教師は、そのような経験が自分たちの心に引き起こす感情を観察し、じっくり考えることができれば、生徒の不安をもっとよく理解でき、否認や分裂にさほど大きく頼らないで、そのプロセスに対処できるでしょう。

第十三章　統合、排除、自己排除

この最終章では、私が特に関心を持っている領域に焦点を当てていきます。この領域は、本書の他の部分で言及されてきたテーマの多くに関連するので、ここで取り上げることにします。統合（inclusion）と排除（exclusion）について私が論じたいことの多くは、私自身の経験に由来しています。一九八〇年代に私は、十五歳と十六歳の不登校の子どもを学校外の施設に集めた教室で教師として働いていました。また短期間ですが、教育福祉行政官としても働きましたし、その後の心理療法の臨床現場では多くの「学校恐怖症」と出会ってきました。しかし無意識的プロセスへの私の興味を最初に刺激したのは、不登校生徒の教室にいた怠学の若者で、教えることと学ぶことの関係性を理解する際に精神分析的な思考が役に立つことを私に教えてくれました。

一九八七年に、校外の不登校生徒の教室の配置が再編され、私たちの教室は閉鎖されました。一九八九年にはＩＬＥＡ（ロンドン圏内教育局）自体が廃止されて、各自治体が区域の教育業務を引き継ぎ、「統合」はそのときの政策になりました。私と同僚は、失業後の憂鬱さのなかで今後、校外教室を復活させねばならなくなるだろうと憤慨していました。私の見たところでは、ほぼ私たちの予測通りとなりました。一九九〇年代以来、ナショナル・カリキュラムの完全実施と標準学習到達試験（ＳＡＴ）や成績ランキングなどの導入後、校内の問題行動への取り組みや出席率の改善計画が広がっています。行動障害サポート計画、家庭・学校協働ワーカー、親と学校間の契約（訳注38）、学習メンター、コネクションズ（訳注39）、生徒の一時保護施設（ＰＲＵ）。これらはすべて停学者数を減らしたり、怠学の原因に取り組むことを目指しています。こうした進展の一つひとつ、おそらく特に一時保護施設は、「誰にでも合うようなやり方」あるいは「なにが何でも統合」という学校のやり方に適応できない子どものニーズに応えて始まりました。

私は、普通学校には適応できず、またわずかながら残っている特別支援学校の基準にも合わない子どもが常に少数いることを指摘したいと思います。こうした子どもや若者たちは排除されたり、自らを排除するのです。

怠学

怠学はそれ自体病気や症候群ではなく、症状の一つなのです。ですから私には、学校恐怖症と呼ばれるものとみなすよりは、むしろ怠学や不登校という用語を用いる傾向があります。しかし明らかに学校に恐怖反応を示す子どもがいるのも事実です。学校に行けない子どもと向き合うときの最初の仕事は、この不登校の症状の向こうや背後に何があるのかに思いをはせることです。たいていの場合、外的要因と内的要因の両方が働いています。外的要因としては、家庭生活や地域社会や学校のさまざまな側面があり、内的要因としては無意識的プロセス、つまり子どもの内的世界のさまざまな側面があります。

どんな子どもの出席停止や不登校の原因にも、いつも完全に外的なものがあると言えるという主張に、私は納得がいきません。それは、いつも子どもの外的体験と内的世界との複雑な相互作用の結果なのです。外的要因に強いられて、悩んだり苦しんだりする子どもが、学校から排除されたり、自らを排除してしまうこともありえます。どんな年齢の子どもも学校との関係性が一旦愛憎入り混じった複雑なものになると、危険を伴う新しい領域に触れるときに脆弱になります。とりわけ家族ともうまくいかない場合や、何か他の類の個人的・集団的アイデンティティを求めている場合はそうです。

外的要因

不登校の問題は，はっきりと識別できる外的要因があれば，関係者が十分にその気になり，さらにもっとも重要なことですが，十分な人的資源があれば，比較的容易に改善されるかもしれません。具体的な学習困難やカリキュラムの特定の局面で，恐怖を感じ学校に行けない。親から必要な衣服を買い与えられない。いじめられていることを認めたくない。給食が飲み込めない。こういった子どもは，その問題に対処すれば，きちんと登校できるよう支援ができるのです。教師と衝突したために学校から排除されている子どもや若者は，元に戻るのはもっと大変だとを感じるでしょう。心理療法の仕事で治療者が心配するのは，子どもの患者が変わろうとしているのに，その家族は変わろうとしなくて，子どもをとても難しい立場に置くことです。このことから私がいつも強く思い出すのは，出席停止や不登校の期間のあとで，子どもが学校に戻ろうとするときに，非常に多くの子どもに起こる事柄です。子ども自身の心の枠組みは変わっているかもしれないのに，その間に学校が何も考えずじまいだと，学校は以前に知っていた子どものイメージで準備をしてしまい，無意識的に過去の問題の再演を引き起こすように動いてしまいます。

貧困，剝奪，失業，混乱，悪質な住宅事情が，暴動や絶望の温床を作りだしている地域社会で，学校の努力や家族

(訳注38) 子どもが問題を抱えている場合，まず学校と親で話し合い，その問題を明確にする。さらにそれに対して学校はどのような個別援助を行うか，一方，親は家庭でどのような援助を行うか，双方がどの程度交流して（教師による家庭訪問・親の授業参加など），援助を行っていくかについて，立てるプランごとに契約を結ぶ。狙いは子どもの問題の解決を，学校任せにするのではなく，親の子どもの抱えている問題に対する意識を高める，学校と家庭の双方が連携した形で子どもの問題に取り組み援助プランの効果を高めることにある。

(訳注39) 二〇〇一年に設立されたイギリスの十三歳から十九歳の若者のための組織で，学習，金銭，職業，住居，人間関係など社会でのさまざまな場面にわたって電話やネットで相談にのる。その背景として貧困，差別，薬物・アルコール中毒などの問題があるとし，若者の個々の状況に応じた就業支援をする。

の努力が出席停止件数を最小限にしたり、登校を支援するのに効果をあげることについては述べるべき点がたくさんあることでしょう。この章の初めで言及した多くの計画は、現在進行中であり、私はそのような仕事の価値を貶めるつもりは全くありません。

内的要因

しかし本章で特に焦点を当てるのは、少数ながらも無視できない数の子どもたちで、彼らの出席停止や怠学は、深刻な内的困難の一症状です。私の視点は、発達的な視点と言えるでしょう。マニー - カイルが「人生の事実」に関する論文（第一章を参照）のなかで示唆している課題が再び思い出されます。学校でうまくやっていくために、子どもは教師に依存しなければならない領域があることを認識しなくてはならず、人の能力を認め、極端な羨望を抱かずに人から学ぶ準備をしなくてはなりません。子どもは、母親を所有することをあきらめ、両親カップルの創造性を許容し、「ライバルである赤ちゃん」との共生を学ぶ力を必要とします。

マニー - カイルの三番目の「受け入れがたい事実」、つまり時は過ぎ、それとともにチャンスも過ぎ行くという事実が、学ぶことや公教育での課題と大いに関連があります。グズグズしていて後で悔やむことは、恐らく誰もがよくあることです。人生に限りがあるということは、受け入れがたいものです。多くの場合、長期的不登校の子どもは、まさにこの思考様式にはまり込んでいます。彼らはいつも明日には学校へ行くつもりなのです。「月曜日から行くよ。最初から行って、一週間きちんと行く方がいいだろ」となります。それから、「休みの後に行き始めるつもりなんだよ。他の子と一緒に学校へ戻りたいんだ」と言います。そして最後には、「俺には、再出発が必要だと思う。多分、新しい学校に行くのが一番だと思う」と言うのです。これは単に彼らが怠慢であったり、不安を否認しているわけではありません。私は、これは成長することの難しさの一部そのものであると思います。つまりチャンスはそこにあるが、やがて行ってしまうということを認識することの難しさなのです。登校拒否の子どものなかには、ある種の一時的活動停止状態のなかを彷徨っている子がいます。彼らは、今日というチャンスをうまく活かせなかったことは何の影響ももたらさない、と思い続けたいのです。

不登校生徒の教室で私たちが取り組んできた生徒は、思春期の子どもたちでした。彼らは自分たちが、学校に行くには大人すぎると考えていました。しかし実際は、私たちは、とても幼稚な類の行動化に対処する必要がありました。彼らのなかで、抱えられていない、原始的な不安が、表面化したのでした。

一九八〇年代の初めに、教育学者のあいだにあった考え方は、この種の若者が不満を抱いたのは、カリキュラムが彼らの関心や能力を刺激しなかったためだというものでした。魅力的で「実際的な意味」を持つ教科や活動という形で、「取っ掛かり（餌）」や「人参（褒美）」を通して学ぶことに触れるよう導かれる必要があると言われていました。私たちは努力しました。私たちは、あらゆる種類の人参（褒美）を用意しました。遠足、ビデオ、音楽ワークショップ、自動車整備工、乗馬、スケートなどなど。新しい活動すべてでは、熱狂と興奮を巻き起こしましたが、その熱狂は短命でした。やる気はすぐに失せました。次の時間までの一週間が待てなくて、つぶされてしまうのです。新たなスキルが直ちに獲得できないと失望し、他の誰かのスキルを羨望し、自信を喪失し、活動場所まで行くのが怖くなり、グループが無気力になるなどしたのです。こうした若者は物事をやり通せず、このことはボーリングにもGCSE（中等教育修了試験）の数学にもあてはまりました。

私は、投影、転移、抱えることなどの概念を知るようになって、不登校生徒の教室の生徒たちが、私たち教師が提供しようとしているものをほとんど活用できなかった理由の何がしかを理解する枠組みを手にしていることに気づきました。彼らの多くは小学校では抱えられていると感じながら、うまくやっていました。ただ中等学校への移行にうまく対処できず、ひどい失望に直面することとなりました。こうした生徒にとっては、不登校生徒のための教室は小学校の教室や家族に戻るようなものでした。だから当然、彼らは教室を愛し、また憎んでもいたのでした。転移のなかでは、彼らは私たち教師を親か叔父や叔母のように、そしてお互いを同胞のように取り扱い、その役割に伴う意味づけもしていました。生徒間には競争心が生まれ、私たちは代わる代わる理想化されたり侮辱されたりしました。分裂は極端なものでした。彼らは、際限なく私たちが本当に熱意があるか試しました。彼らが出席しなかったら、私たちが何処までフォローするだろうか、試すのでした。教室で一度、彼らは全力を尽くして、私たち教師が彼らを出席停止にするようけしかけたことがありましたが、私たちはそうせざるを得ない場合が幾度かありました。なかには自分に提供されているものが、普通学校や家庭で提供されているものと違うという痛みに耐えられない子どももいました。こうした子どもは、学期末に手作りケーキでもてなされるといったことは絶対に耐えられないのでした。

比較的少数の生徒は「家族サイズ」の教室を活用でき、勉強に追いつき普通学校へと再び戻るためのチャンスを活かしました。また他の子どもは、何らかの形の就職や職業訓練の足がかりとして教室を利用できました。しかし分かってきたことは、こうした「成功」が、その子どもが人生の早期に確かな良い時期をもった場合にのみ可能だということでした。その子どもがもともと内的世界に持っている対象（良い親イメージ）にその子どもが再び触れられるような体験を与えることができたときには、良い結果が得られました。そうではない子どもたちについて私たちが最も望んだのは、一人ひとりの心に残る何かを提供できていればということでした。つまり、その子どもが後に学びや発達や抱えられる経験のための機会を認識してそれを活用できるような何かを提供したいと考えていたのです。

事例

本章の最後の部分で、私が知っている不登校の子どもを何人か紹介していきます。こうした短い描写が、本書のほかの部分やこの章における要点を例証してくれればと思います。

ケニー

ケニーは数少ない、しかもおそらく減りつつある怠学の子どもの典型です。彼の家族は「トラベラーズ」(訳注40)で、ハンバーガーの屋台をあちこちの競馬大会に持って行っては、商売をしていました。ケニーは長期間にわたって不登校でした。家族が彼を必要とするときには、彼を学校に行かせませんでした。裁判所の命令が下って、家族が彼を学校へと送っても、彼は教師の権威にたてついて出席停止にさせられてしまうのでした。彼はわざと粗暴にしていたのではありませんが、教師は彼に何も提供できませんでした。彼には、何も学ぶ必要はありませんでした。なぜ彼は、学校へ行く必要があるでしょうか。家族が彼の世話をするでしょうし、将来は決まっていました。こうした世界観は、教育課程を経験することでよりよい選択をすることができるという考えも、教育によって変わっていけるとか、大きな影響を受けるといった考えもゆるしませんでした。ケニーはこうしたことを全然気にしていませんでした。誰かが彼のこうした考えを問いただしたり、彼の家族の考えを疑問に付そうとしない限り、彼には問題がなかったのでした。

アカシア通り団地

二番目の事例も、集団からの圧力、特に何世代にもわたって支持されてきたプレッシャーに関係するという点で、似たようなテーマに沿っています。ここでは、一つの団地全体が「怠学生徒」です。一九三〇年代の建物からなる小さな荒廃したその団地が、教育福祉行政官としての私の担当地区でした。その団地に一歩足を踏み入れると、いつも「教育局」「サボり狩りだ！」というささやき声が聞こえたものでした。ドアはバタンと閉じられ、かんぬきがかけられ、窓は閉められ、照明は消されたものでした。私は、弱い敗北者の気分で、憤りに満ちてい

(訳注40)　定住せず、移動しながら生活をする一群の人々を指す。ここではおそらく、ロマニー（またはジプシー）と呼ばれる人々を指すと思われる。

ました。こうして、私は、望まれもせず無力だと感じることは、どんな気持ちになることか、経験させられていたのです。これは、多くの家族が学校をはじめとする機関との関係で感じることの投影だったと、私は思います。今では、その団地に住み続けて学校に通いたいと願うことは、とても大変だったに違いないと思います。集団のプレッシャーはほとんど抗うことができないものだった、と想像します。小さな子どもは親と家のなかにおり、若者は群れてたむろしていました。

シャロン

登校拒否のためにクリニックに紹介された時、シャロンは十四歳でした。小学校では出席率がとても低いにもかかわらず、うまくやってきた女の子でした。中等学校に移ってから、事態はうまくいかなくなりました。アセスメント面接で明らかになったことは、彼女は単に残りの家族よりも、うまくやっていく気にはなれないということでした。彼女には学習障害の姉妹、身体障害の父親、とても抑うつ的な母親がいました。自分が母親よりうまくやっていこうとしていると感じていましたが、それを最後までやりとげることはできませんでした。母親は彼女に、学校へ行くよう小言ばかり言っていましたが、実際は、「明日は何とかする」と言うことで学校に行かない彼女に共謀していたのでした。母娘二人とも、転校をすすめてくれないと言って、地方自治体を非難していました。

ヴァレリ

「明日やる」現象の別のバージョンが、ヴァレリです。彼女は賢い少女で、GCSEを何科目も受けているはずでしたし、さらにAレベルも受けているはずでした。しかし小学校以来、怒って癇癪を起こして行き詰まり、低迷状態でした。彼女は、コツコツやらねばならない課題をやり通す気はありませんでした。「なぜさっさとテストを受けさせてくれないの？　そうすれば、私が、やろうと思えばできる子だとわかるはずだわ」と彼女は思っていました。彼女は子役として数度テレビ出演しており、即席の名声というものを知っていました。しかし、彼女は、自分が実際にどれほどの力があるかを試されることに、向き合えませんでした。そして時の流れに身を任せ、「こうなっていたかもしれない」をよりどころにして生きていました。彼女は他人の知識やスキルを羨みながらも、学べませんでした。学ぶためには、自分の知らないことに直面せねばならなかったのでしょうが、これが彼女にはできなかったのです。

モーリーン

モーリーンは利口で才能がありました。彼女は、突然、学校からドロップ・アウトして、復学するように説得してもききませんでした。誰にも理解できず、彼女も説明できませんでした。私は今では、モーリーンが身体的な虐待か性的虐待の犠牲者だったのだと思います。そして彼女の登校拒否は、無意識的にそのことを誰かに伝えようとする手段だったのです。彼女は私たちに何も伝えず、時間とともに、自傷行為という形で自分の痛みを行動化しました。完全な静寂のなかで彼女と一緒に座っていると、私はしばしば無力感に圧倒された感じでした。まるで何の手立てもないかのような無力感でした。その経験は、（ちょうど虐待経験のように）なんとかそれを生きのびなければならないような類のものでした。羞恥と自己嫌悪も強く伝わってきました。モーリーンは結局、入院を許されて必要な援助を受けられました。注意を促しておきたいのは、こうなるまでは、モーリーンは学校で誰にも迷惑をかけず、教室の後ろで黙々と勉強をしていたような、従順な少女であったことです。

トレーシー

トレーシーも、虐待的な関係性のなかにいたと、私は今では確信していますが、彼女のストーリは多少、異なっています。彼女は激しい粗暴行為のために出席停止にさせられていて、裁判所命令で仕方なく不登校生徒のための教室に来ていました。彼女は、家から離れることが耐えられませんでした。やがて明らかになったのは、彼女がエディプスの三角形の中心にいたことでした。彼女は、ハンサムで若々しい父親と性的関係にあったのではないかと思われます。たとえそうでなかったとしても、二人のあいだには共謀関係があり、抑うつ的で太りすぎで、敗北者の母親を締め出していました。父母が二人で自分を排除することがないように、トレーシーは家にいなくはならなかったのです。またたとえ空想であれ現実であれ、起きていることの結果として、母親が傷つかないようにするためでもあったのでしょう。

メアリー

メアリーは、また別な意味で、母親の役割を引き受けていました。母親が酒を飲んでいるあいだ、彼女は同胞の世話をしていました。私が彼女に会ったころには、自分の母親がアルコールで自滅するのを防ごうという希望を捨てていました。また自分や兄弟たちが、母親に生きたいと思わせるだけの意味を持たないことに落胆していました。メアリー自身の将来は、可愛い妹のために犠牲にされていました。そしてこの物語の二重の悲劇は、彼女にも増して満たされない幼少体験をした妹が、若くして売春に身を転じたことでした。

数年後、メアリーが思春期の自分が通えなかった学校で給食婦として働いていると、聞きました。彼女は未婚で子どももいませんでしたが、その職にとどまり、学校の調理場の雰囲気を気に入っていました。私には、彼女が不登校生徒教室や遠足で食事を取り仕切り、楽しそうに食事を配り「おかわり」について裁定を下していた姿を鮮明に思い出します。

ディーン

ディーンは違った意味で母親に縛り付けられていました。十五歳にしては、体は小さく発育不全でした。彼は俗に言う「お母さんのエプロンひもに結ばれた子」でした。彼の母親にとっては、彼がどんなことをしても許せるのでした。彼が家庭内でのパワーバランスを保っていたのは確実でした。相思相愛の母子は、母親にどんなパートナーも寄せ付けなかったのです。学校では、彼はとても居心地の悪い立場におり、自然と冷やかしやいじめの標的になりました。しかし教師は、彼のことを横柄で独りよがりだと感じて、ほとんど援助をしませんでした。彼が泣き言を言えば母親が助けに飛んで来たし、学校で困ったことがある度に家に連れ帰りました。不登校生徒教室でもそのパターンは繰り返されました。困ったことがあるたびに母親に訴えたのです。

スティーヴン

スティーヴンは、もう一人のいじめの犠牲者でした。白血病との戦いで病院にいるあいだのほうが、彼はましな人生を送っていました。彼は目立っていました。ステロイドの副作用のため肥満で、赤ちゃんのような薄毛だったのです。彼は、入院すること以外のほとんどすべてを恐れていました。病院に強い陽性転移を抱いていたのとは対照的に、学校は途方もない残酷さに満ちた所だと信じていました。不登校生徒教室では、糖尿病がうまくコントロールできていない子やチックが原因で彼と同じように病院に入れられた子どもと仲間になっていました。目立つということがどれほど大変か、違うとか弱いとみなされる者を拒絶する力がどれほど強いのかという証明を、この三人が引き受けているように見えました。

デービッド

デービッドは、背が高く美男子でしたが、勉学態度が不安定でしたし、学校や教師との関係も同様でした。彼は「知らないということ」に耐えられず、そのため人が彼に教えようとすることは何でも、彼は必ず知っているのでした。彼は、傲慢で自分のことばかり考えているという印象を与えていました。もし私たちが彼の鎧（第二の皮膚[訳注41]）を貫く方法を見つけ、彼に何か新しいことを提供しても、私たちが昼食に出す食べ物に対するのと同様に、そのことに深い疑いを向けました。彼を騙すために私たちが嘘をついて話をでっちあげていると、彼は確信していたのです。ここには、いかなる欲求や依存の体験に対しても、自分を防衛することに余念のない少年がいました。あるとき、「テムズ河が西から東へと流れロンドンを通って海に注いでいる」と言う私を、「頭がおかしい」と彼が言い張ったことを覚えています。「俺をバカだとでも思っているのか？　そんなバカなことあるもんか！」と彼は言い放ったのでした。別の時には、誰かが彼のお皿に小さなチーズを一切れのせたと思って、彼はヒステリックになりました。彼にとって、新しい知識や新しい食物は、潜在的に毒だったのです。

ジョナサン

ジョナサンは八歳から十一歳の三年間、心理療法をうけていた患者でした。彼は学校へ行くのを拒否していました。彼と母親はひどい二人精神病（感応精神病状態）にありました。彼は、母親から離れるのに十分な成長ができておらず、また無意識的にですが、母親はあまりにも彼に依存していたので、彼が離れていくよう援助することができませんでした。彼はとても利口な少年でした。しかし彼の母親に対する迫害はひどいもので、母親を自分の視界の外に出せなかったのです。彼が赤ん坊の時に父親が突然亡くなり、母親は赤ん坊と共に家に引きこもりました。ジョナサンはすべてを恐れていました。十歳で彼は、家の鍵とスイッチを強迫的にチェックするようになり、いつも家が火事になるのではないかと心配していました。誰が母親を訪ねてきても、彼が見張りをし、母親にどんな秘密も許しませんでした。母親は自分の生活を築くことを許されておらず、口ではもっとゆとりがほしいと言いながらも、それについて何もしませんでした。心理療法中、彼は新しい学校に行きはじめ、数週間はすべてがうまくいっていました。しかし、母親が仕事をすると言い出した頃、ジョナサンは、自分をからかっていた少年数人に殴りかかり、止めに入った教師を蹴りました。そして、彼は退学させられました。

心理療法では、ジョナサンは、自分がいつ来ていつ帰るか、私がいつ来ていつ帰るかを私が決めることに我慢がなりませんでした。私が休日の期日を選べるという事実は、彼を怒り狂わせました。彼の私への攻撃はとても強烈になったため、私は再三、セッションを早めに切り上げねばなりませんでした。そのたびに彼は勝ち誇っていました。事態が一時的に好転したのは、地元当局が介入し、クリニックの親担当の男性ワーカーがジョナサンの母親に対して、援助（父性機能）を申し出たときでした。もうひとつの新しい学校が見つかりました。必要な資金提供が遅れて、初登校日が延期されたため、母子の気力がそがれてしまいました。ジョナサンは家にこもってしまい、母親は今度は家庭教師を依頼しました。

ケーシー

最後の事例はケーシーです。私の記憶のなかでも、とても特別な存在です。ケーシーの心は不満でいっぱいでした。彼女の経験には、実際に外的剥奪がありました。しかし彼女を駆り立てていたのは、内的世界の貧困と羨望でした。「決して自分の心は満たされない」という彼女の気持ちを、学校は強化していたに違いありません。何であれ彼女は、待つのを我慢できませんでした。誕生日プレゼント（彼女がどれくらい裕福かを世界に示す金のチェーン）は、何週も前に届いており、それはどんな形というよりも重さで語られていました。数週間内に、そのチェーンは新しい買い物の資金を得るために、質屋に入れられたのです。彼女はこれまで、食べ物、遠足、飲み物、さらに多くの食べ物、さらに多くの遠足など、私たちが与えるものだけに関心を抱きました。すべ

（訳注41）第二章のビックの理論の記述参照。

てが「退屈」だったのでした。まるで空っぽの穴を満たそうとしているようでした。私たちは彼女を喜ばせようとし続けました。しかし彼女の渇望と失望の投影に、ただ繰り返し反応していただけなのだと分かりました。

卒業年齢に達する直前に、ケーシーは新たに他の誰の犬よりも血統の純粋な子犬を獲得しましたが、その子犬は婚約者に取って代わられました。しかしやがて、その婚約者も、別の男の子とのあいだで彼女が妊娠したため、捨てられました。その男の子は彼女と赤ちゃんに今後何も求めないのだと、彼女は私たちに断言しました。「赤ちゃんは何でも欲しいものが得られ、私を愛するようになるだろう」と彼女は話しました。

彼女が教室を離れて一年後、通りで赤ちゃんと一緒の彼女に会いました。凝ったベビーカーのなかに、高価な衣装をまとった赤ちゃんがいました。哺乳瓶を握り締めた赤ちゃん、ソフトクリームを握り締めたケーシーの姿がありました。それを見て私は、彼女がどんな早期体験をもち、今、彼女自身の内面の何を頼りに赤ちゃんの欲求を満たしているのかを考えました。情緒的栄養を与えられない母親によって、哺乳瓶からの点滴栄養のように食べ物で「満タン」にさせられているというのが、私のケーシーに対するイメージでした。これが教室で私たちが繰り返したパターンだと気づきました。つまり彼女にあれこれ少しずつ味あわせるだけで、真の空腹感（空虚さ）に私たちは取組まなかったのです。

食べ物、抱えること、学ぶこと

最後に、不登校生徒教室の食事の時間を描いて、本章を終わりにしたいと思います。非常に明白なのは、食べることと新しい経験を取り入れる能力とには、つながりがあることです。食事を与えられたときの不登校の生徒の行動から、その生徒の内的世界および、学校にある知的、情緒的栄養を活用できない理由について、私たちは、貴重な洞察を得ることができました。

昼食は、地元の学校の一つから配送されていました。なかには待ちきれない生徒たちもいました。彼らは、ドアの外に積み上げられていたポットやブリキの皿から、盗み食いしていました。私たちが与えたものは何一つ食べずに、近所の店で買ったり、好きなものを万引きする者もいました。こうした「自給自足」とは全く対照的なのが、食事が分けられるのを根気強く待っている生徒たちでした。ありとあらゆる手練手管を使って、余分にもらおうとする生徒もいました。こうした生徒は、たくさんの飢えた赤ん坊との競争の渦中にいると感じているように見えました。自分が取り残されないようにと、お互いを押しのけているのです。なかにはかたまりの混じったカスタード・ソースやグレービーソースを病的に怖がる子もいます。ゼリーは、間違いなくみんなのお気に入りです。食事が「ぞっとする」ものだと、彼らは攻撃の矛先を私たち教員に向け、飢えさせるつもりだとか、毒を盛ったとか言って責め立てました。自分たちが空腹だったり気分が悪ければ、どうして授業を受けることができると思うのか、と言いました。私たち教員が一番の大盛りを取るとか、一番おいしいものは事務室に隠しておいて、彼らが帰宅したあと私たち教員スタッフみんなで食べるんだと責め立てられることもありました。

　食べたいのに、人前では食べられない生徒もいました。このような生徒は隅っこに行って、こそこそ食べていました。なかには自分でよそった物しか、食べられない生徒もいました。これも依存の拒否です。自分が見ていないと、どんな毒を盛られるか分からないという深い疑念を持っているのです。ある男子生徒は、食べるのを止めることができず、とうとう病気になりました。たくさん取って残す生徒もいます。まるで欠乏を感じなくていいと、自らを確信させているようです。時に私たちは、「食堂を快適で心地よくしすぎ、たくさん食事を与えすぎて、ひどい」と非難されることもありました。またうまく管理され和気あいあいとした食事のひとときは貴重な瞬間で、本当に抱えられる経験や発達の可能性を感じさせる瞬間だと思えました。

まとめ

その教室では、教員スタッフと生徒の比率はおおよそ一対三で、柔軟なカリキュラムと適切な予算がついていました。それでも危機管理が常に必要で、失望を繰り返し体験しているように感じられる状況に直面しつつ活動し続けるには、自分の全エネルギーと決意をそそがなくてはなりませんでした。子どもが就寝したあとの親のように、私たちは午後に毎日集まり、その日に起きたことを理解しようと努めました。家族サイズのグループは、スタッフにとても特別な難問を突きつけます。小集団のなかでの転移の濃縮特性が、対処が難しい極端な情緒的反応を促進する様子については、本書の別の箇所（第九章）で述べました。しかしながら、校外の不登校生徒教室という設定は、教育目標と治療目標が生産的に結びつくまたとない機会をもたらすのです。

訳者あとがき

現代日本の公立小中学校には、すぐには解決できそうもない問題が山積している。さまざまな水準で教育改革が続けられているが、問題は一向に減っていかない。むしろ増えているような印象すらある。なかでも本書の中心テーマでもある「学ぶことができない子ども」の問題は、教育機関である学校の深刻な問題のひとつである。これは特別支援教育として論じられる類のものだけではない。また最近では、学校機能の中心ともいえる「授業」が成立しないという問題も際立ってきている。この「授業が成立しない」という現象は、学校現場をじかに見る機会のない人にとっては、なかなか想像しにくいのだろう。そのためしばしば、学習内容の量の問題、教師の指導力不足や子どもの躾の問題として片付けられてしまう。しかし多くの場合、事態はそれほど単純なものではない。

本書を読み進めると、学校現場の抱える問題の深刻さが、洋の東西を問わないことがよく理解できる。教師たちは、日夜、すぐには「解決できない問題」の「解決」を求めて子どものために奔走しつづけている。それはこうした問題に直面する大人に、つよい焦燥感と切迫感を喚起するからである。そして無力感や憤りに加え、羨望などの強烈な情緒も交錯して、奔走する大人たちの思考はじわじわと侵食されていく。やがて大人の思慮深さや理性的に考える力が損なわれ、考えなしに行動したり、激しい意見対立によって同僚や関係機関との協働も破壊され、ステレオタイプな対応に終始したり、予測可能な問題でも実際に事が起きるまで何もできず、後手後手の対応に振り回されることになる。つまり「わけも分からず」対応に忙殺され消耗し、現実感覚までもが失われていくのである。いわゆる「荒れる学校」や「学級崩壊」のなかで生じる教職員の士気の低下や機能不全、病気休職などの背景には、しばしばこうしたプロセスを見て取れる。

すこし学級崩壊の描写を引用しておこう（プライバシー保護のために、以下の引用は複数の事例のアレンジである）。この中学のクラスでは長く続く学級崩壊に疲弊した教師ひとりが休職し、ベテランの女性教師がこの授業を担当していたが、「授業が成立しない」状態には変わりがなかった。ここで引用するのは教師交代後、数カ月たった授業観察の初回である。

観察者は教師とともに教室に入って、教室の前方右端から観察を始めた。すでにチャイムはなっているが、ほとんどの生徒が立ち歩いている。そのなかに授業妨害の首謀者とされる生徒三人もいる。三人のうち一人は、衝動的に暴力をふるうために薬が処方されているが、親が服薬に不安を感じているために、十分な服薬管理ができていない。もう一人は、低学力で特別支援教育が必要だと判断されているが、本人も親もそれを拒絶しているので、とても理解できないと思われる授業を他の生徒と一緒に受けている。あとの一人にも、複雑な家庭背景もあって注意力散漫な傾向があった。

「席に着くように！」。教師が叫んで大半の生徒は座るが、三人だけは意に介さず喋っている。近くまで来た教師に指導された彼らはしぶしぶ席に戻るが、まだ喋っている。始業の挨拶を促す教師には、ほとんどの生徒が反応しない。教師が観察者を紹介するが、三人は「ウザイ！」、「余分なもの連れてくるな！」と叫び、教師と観察者を睨みつける。学力の低い一人は、同じ言葉を連呼し壁を叩いている。生徒のその行為を見ていた観察者の脳裏を、さまざまなイメージがかすめる。また観察者自身の中学時代の嫌な記憶と感情が生々しく蘇り、困惑を覚えている。教師は三人を無視して、授業を始める。睨んでいる生徒を観察者が穏やかに見ていると、三人は「見るな！　気持ちが悪い！」と視線をはずしていく。そしてこの言葉が三人の中で回っていく。まるでバスケットのパス回しのようだ。授業を聞いているのはほんの一部だけで、ほとんどの生徒は雑談している。三人のうち一人が「つまんない！」と叫ぶと、低学力の生徒は同じ言葉を大声で連呼して、壁を叩いている。

これを教師がかなり毅然として叱責した。すると衝動的に暴力をふるう生徒が「教師面すんじゃねえよ！」と叫んで立ち上がり、教卓に迫り教師を睨みつける。教師はわずかに上ずった声で、再度、注意する。その生徒は教師の声色を真似して、近くの生徒を小突きながら席に戻る。そしてこの声色の真似も、三人の間をピンボールのように木霊《こだま》する。クラスの多くの生徒は、その様子をニヤニヤしながらただ傍観している。その後も、一人が教室から抜け出したり、他のクラスの生徒が乱入してきたりしながら、雑然としたまま授業は終わった。

あまりにもバラバラな集団の授業が終わって、観察者は激しい疲労感に襲われていた。観察者と教師は、同僚の教師らと共に会議をもった。そしてそれぞれの逆転移体験を手がかりにしながら、このクラスにどんなことが起きているのかについて話し合ったのである。この話し合いでは、生徒一人ひとりだけでなく集団心性、教師交代の影響についても、精神分析的観点から検討され理解を深める作業が進められた。

そして定期的な授業観察と検討は続けられ、教師たちが「わけが分からない」と感じていた現象について「考える」作業を繰り返していった。さらに「考える」作業で得られた理解を手がかりに、教師たちは関わり方を工夫し、小まめに授業計画を立て直していった。やがて失意のどん底にあった教師たちは、この試行錯誤を楽しむようになり、生徒の授業態度にも変化の兆しがみえ始めた。

本書では、既存の精神分析の概念や集団力動の概念を応用して、こうした「解決できない問題」をせめて「考えることのできる問題」に変容させ、大人の現実感覚の喪失や機能障害を克服していくための手がかりが提示されている。なかでも乳幼児観察の応用、コンテインド／コンテイナーのモデル、コンテインメント、集団心性の理論、妄想・分裂ポジションの観点からの非行やいじめの心性へのアプローチは、実際の学校現場で役立つ卓越した考察である。

しかし精神分析を学校に導入する際、いささか誤解を生むこともあり、その一部は本書の中でも触れられている。また精神分析というと、とかくその特徴的な解釈に注目されやすい。本書の随所にも、無意識的なコミュニケーションについての解釈がされているが、そのような解釈に還元できるものとして、学校の問題について論評しているのではない。むしろ本書で展開されている精神分析の学校への応用とは、精神分析的実践やその思考プロセスを教育の営みのひとつとして取り入れ、その得られた理解を教育実践に役立たせることに力点が置かれている。学校現場の内部にあって直面する問題について、関わる教師が味わう直接的な体験を吟味し、そこから何かを学ぶための思考プロセスにこそ、学校における精神分析の営みの価値があるのである。そのとき解釈は、この思考プロセスを進めるための仮説や手がかりとして役立つ。「解決できない問題」に直面している教育関係者や親が、「わけも分からず」対応に消耗し現実感覚が失われるのを食い止めるために、こうしたプロセスを導入して、大人たちに「考えるスペース」を生み出そうとしているのである。

本書では精神分析の応用として、学習理論、精神発達や集団心性の理論、学校が直面する今日的な問題などの考察が網羅されている。その意味で本書は、精神分析的な「教育心理学のテキスト」としての意義をもっていると思う。

たくさんの人々に支えられて、この訳出作業は進められた。当然ながら、監訳者の平井正三氏には大変お世話になった。本書は当初、訳者が主宰する「学校へのコンサルテーションセミナー」のテキストとして翻訳した。荻本邦子さんには、その際の誤訳のチェックをしていただいた。当時タビストック・クリニックに留学中の西村理晃さんには、英国の学校事情を教えていただいた。またこのセミナーでは、スクールカウンセラーとして関わった学校現場の事例がメンバーによって持ち寄られた。この事例によってさらに本書の理解を深め、意義ある内容であることが確認できた。当初からの主要メンバーである杉浦浩代さん、宗田美名子さん、千種純子さん、寺本亮さん、服部麻美子さん、森陽子さんにお礼を申し上げたい。さらに訳文を推敲する過程で、太田静男さん（三重県立松阪工業高校）、平田朋美さん（ながら心理相談室）、磯部あゆみさん（くわな心理相談室）にお世話になった。本書の仕上げの段階では、岩崎学術出版社の長谷川純さんに大変お世話になった。ここに名前を挙げて感謝の意を表しておきたいと思う。

鈴木　誠

監訳者あとがき

本書の成り立ちや意義については、すでに冒頭のシリーズ編者のマーゴ・ワデル氏の序文や訳者の鈴木誠氏のあとがきに述べられているので、これ以上多言を要しない。本書は、同じくタビストックの「教えることと学ぶことの情緒的要因――カウンセリングから見た教育」講座をもとにして執筆された、既刊の『学校現場に生かす精神分析』を補完するような形で、いわば姉妹編となっている。先の『学校現場に生かす精神分析』が精神分析的に考えていくこと、すなわち人と人との関係性や情緒経験について振り返って粘り強く考えていくことがいかに学校現場での実践につながっていくかを示しているのに対して、本書は、その実践に具体的に役立つ手がかりを示し、さらに教育現場の個別の問題を精神分析的視点から論じている。

本書で述べられている、学ぶということの情緒的意味、子どもの情緒発達、教室や学校の集団心性に関する精神分析理論は、従来わが国の大学の教職課程で学ぶ教育心理学に比べると、多くの点で教育現場の現実により見合ったものであり、はるかに役に立つ知識ではないかと思う。本書ではさらに、いじめや非行の問題、さまざまなトラブルを抱えた家族と学校との関わりの問題、特別支援教育の実際上の問題、そして英国における教育の今日的問題である、教員や学校の評価や生徒の学力評価の問題などを、精神分析的視点から考察しており、これらはそのままわが国の教育現場における切実な問題であり、それらについて考えていくヒントを与えてくれている。

もう一点、本書を、鈴木氏の言葉を借りるなら、ユニークな「教育心理学のテキスト」にしているのは、教育現場における実践力向上の具体的な方法論として「ワーク・ディスカッション」という方法論を提示している点である。鈴木氏が指摘しているように、学級崩壊の問題など、現在のわが国の教育現場は「解決できない問題」に圧倒されている。文部科学省やその他の「権威」が、解決のためのレシピやマニュアルを与えてくれるというのは幻想であることは多くの人が感じていることである。むしろ必要とされているのは、教育の現場に関わる人々それぞれが知恵を絞っていく具体的な実践であり、そのようにして子ども一人ひとりを大切に考えていく思慮深い「風土」かもしれない。「解決できない問題」を「考えることのできる問題」に変える「ワーク・ディスカッション」の手法はそのような「風土」を作り上げる具体的な実践であり、本邦のスクールカウンセリングの実践にその手法を取り入れる鈴木氏の試みは、本書の翻訳出版をきっかけにさらに展開していくことが望まれる。

最後に私ごとになるが、本書の執筆者のビディとヘイミッシュは、どちらも私がタビストックの子どもの精神分析的心理療法の訓練コースにいたときの先輩訓練生であった。両者とも堅実な人柄と繊細な感受性で将来を嘱望され、訓練終了後すぐに心理療法士の指導者としても活躍し始めていた。私は、特にヘイミッシュとは、心理療法の仕事を一緒にしたことがあり、バランスの取れた人柄と、恵まれない子どもへの静かな深い思いに印象付けられたことを覚えている。ヘイミッシュはソーシャルワーカーとして、ビディは教師として、子どもと関わる中でさらに子どもの心と取り組むために心理療法士になったわけであるが、心理療法士として子どもの心に深く関わる中で得た知恵を再びより広く子どもを育んでいく社会的実践である教育現場に還元しようとする試みが本書の基盤になっている。ビディが冒頭に書いているように、本書は当初ヘイミッシュとの共著ということで計画されたものの、ヘイミッシュが病魔に侵され悲劇的な死を迎えたことでビディの単著になったようである。しかし、本書に収められたヘイミッシュによる二つの章は、彼の繊細で思慮深い性格を雄弁に語っている。本書の基底に流れているのは、二人の心理療法士が教育現場に向けた、子どもを育むことへの熱意であることが伝われば、監訳者として望外の幸せである。

平井　正三

索　　引

さ行

た行

な行

は行

ま行

や・ら・わ行

参考文献

Alvarez, A. (1989). Developments towards the latency period:Splitting and the need to forget in borderline children. Journal of Child Psychotherapy, 15 (2).

Bick, E. (1968). The experience of the skin in early object relations.International Journal of Psychoanalysis, 49. Reprinted in A. Briggs (Ed.), Surviving Space (pp.55–59). London:Karnac, 2002.（古賀靖彦訳：早期対象関係における皮膚の体験．メラニー・クライン・トゥデイ②〔松木邦裕監訳〕，岩崎学術出版社，東京，1993.）

Bick, E. (1986). Further considerations on the function of the skin in early object relations. British Journal of Psychotherapy, 2 (4). Reprinted in A. Briggs (Ed.), Surviving Space (pp.60–71). London: Karnac, 2002.

Bion, W. R. (1961). Experiences in Groups. London: Tavistock Publications.（池田数好訳：集団精神療法の基礎．岩崎学術出版社，東京，1973.）

Bion, W. R. (1962). Learning from Experience. London: Heinemann. Reprinted London: Karnac, 1984.（福本修訳：経験から学ぶこと，精神分析の要素．精神分析の方法Ｉ．法政大学出版局，東京，1999.）

Britton, R. (1989). The missing link: Parental sexuality in the Oedipus complex. In: J. Steiner (Ed.), The Oedipus Complex Today: Clinical Implications. London: Karnac.

Britton, R. (1992). The Oedipus situation and the depressive position. In: R. Anderson (Ed.), Clinical Lectures on Klein and Bion. London: Routledge.（平井正三訳：エディプス状況と抑うつポジション．クラインとビオンの臨床講義〔小此木啓吾監訳〕．岩崎学術出版社，東京，1996.）

Canham, H. (2002). Group and gang states of mind. Journal of Child Psychotherapy, 28 (2): 113–129.

Canham, H., & Youell, B. (2000). The developmental and educational context: The emotional experience of learning. In: N. Barwick (Ed.), Clinical Counselling in Schools. London: Routledge.

Cooper, A. (2001). The state of mind we're in: Social anxiety, governance and the audit society. Psychoanalytic Studies, 3 (3/4): 349–362.

Cooper, A., & Lousada, J. (2005). The psychic geography of racism. In: Borderline Welfare: Feeling and Fear of Feeling in Modern welfare. Tavistock Clinic Series. London: Karnac.

Coren, A. (1997). A Psychodynamic Approach to Education. London: Sheldon Press.

Dickens, C. (1854). Hard Times. London: Penguin Classics, 1995.（山村元彦・竹村義和・田中孝信共訳：ハード・タイムズ．英宝社，東京，2000.）

Dickinson, E. (1868). Tell all the Truth but tell it slant. In: The Complete Poems. London: Faber & Faber, 1970.（亀井俊介編：対訳ディキンソン詩集アメリカ詩人選(3)．岩波文庫，東京，1998.）

Edwards, J. (1999). Kings, queens and factors: The latency period revisited. In: D. Hindle & M. V. Smith (Eds.), Personality Development: A Psychoanalytic Perspective. London: Routledge.

Erikson, E. (1950). Childhood and Society. London: Penguin.（仁科弥生訳：幼児期と社会１，２．みすず書房，東京，1977，1980.）

Freud, S. (1905d). Three Essay on the Theory of Sexuality. Standard Edition, 7.（性欲論三篇．フロイト著作集７．人文書院，京都.）

Freud, S. (1909b). Analysis of a phobia in a five-year-old boy. Standard Edition, 10.（ある五歳男児の恐怖症分析．フロイト著作集 10．人文書院，京都.）

Freud, S. (1909c). Family romances. Standard Edition, 9.（ノイローゼ患者の出生妄想．フロイト著作集９．人文書院，京都.）

Frosh, S. (1989). Psychoanalysis and racism. In: B. Richards (Ed.), Crises of the Self: Further Essays on Psychoanalysis and Politics. London: Free Association Books.

Heaney, S. (1966). Death of a Naturalist. London: Faber & Faber.（村田辰夫他訳：シェイマス・ヒーニー全詩集 1966 〜 1991．国文社，東京，1995.）

Jaques, E. (1965). Death and the mid-life crisis. International Journal of Psychoanalysis. 46: 502–514.（松木邦裕：死と中年危機期．メラニー・クライン・トゥデイ③〔松木邦裕監訳〕．岩崎学術出版社，東京，2000.）

Klauber, T. (1998). The significance of trauma in work with the parents of severely disturbed children, and its implications with parents in general. Journal of Child Psychotherapy, 24 (1): 85–107.

Klein, M. (1931). A contribution to the theory of intellectual inhibition. In: Love, Guilt and Reparation and Other Works 1921–1945. London: Hogarth Press, 1985.（知性の制止についての理論的寄与．メラニー・クライン著作集１〔西園昌久他編訳〕．誠信書房，東京，1983.）

Lanyado, M., & Horne, A. (Eds.) (1999). The Handbook of Child Psychotherapy. London: Routledge

Meltzer, D., & Harris, M. (1986). Family patterns and cultural educability. In: D. Meltzer (Ed.), Studies in Extended Metapsychology. Strathtay: Clunie Press.

Miller, L. (2004). Adolescents with learning difficulties: Psychic structures that are not conducive to learning. In: D. Simpson & L. Miller. (Eds.), Unexpected Gains: Psychotherapy with People with Learning Disabilities. Tavistock Clinic Series. London: Karnac.

Moger, R. (1999). What is Like to Be a School under Special Measures. Unpublished MA dissertation.

Money-Kyrle, R. (1968). Cognitive development. international Journal of Psychoanalysis, 49. Reprinted in: The Collected Papers of Roger Money-Kyrle. Strathtay: Clunie Press, 1978.

Money-Kyrle, R. (1971). The aim of psychoanalysis. international Journal of Psycho-

analysis, 52. Reprinted in: The Collected Papers of Roger Money-Kyrle. Strathtay: Clunie Press, 1978.

Orford, E. (1996). Working with the workers with the troubled child. In: C. Jennings & E. Kennedy (Eds.), The Refiective Professional in Education. London: Jessica Kingsley.

Rustin, M. (2001). Reason and Unreason: Psychoanalysis, Science and Politics. Middletown, CT: Wesleyan University Press.

Rustin, M., & Rustin, M. (1987). Narratives of Love and Loss. Studies in Modern Children's Fiction. London: Verso.

Salzberger-Wittenberg, I. (1970). Psycho-Analytic Insight and Relationships. London: Routledge.

Salzberger-Wittenberg, I., Henry, G., & Osbome, E. (1983). The Emotional Experience of Teaching and Learning. London: Routledge & Kegan Paul.（平井正三他監訳：学校現場に生かす精神分析——学ぶことと教えることの情緒的体験．岩崎学術出版社，東京，2008.）

Sinason, V. (1986). Secondary mental handicap and its relation to trauma. Psychoanalytic Psychotherapy, 2: 131–154.

Steiner, J. (1993). Psychic Retreats. London: Routledge.（衣笠隆幸監訳：こころの退避．岩崎学術出版社，東京，1997.）

Syal, M. (1996). Anita and Age. London: Flamingo.

Williams, G. (1997). Double deprivation. In: Internal Landscapes and Foreign Bodies. London: Karnac. [First published as G. Henry, "Doubly deprived". Journal of Child Psychotherapy, 3 (1974): 15–28.]

Winnicott, D. W. (1951). Transitional objects and transitional phenomena. In: Playing and Reality. London: Routledge, 1971.（橋本雅雄訳：移行対象と移行現象．遊ぶことと現実．岩崎学術出版社，東京，1979.）

Youell, B. (1999a). From observation to work with a child. international Journal of Infant Observation, 2 (2).

Youell, B. (1999b). Psychoanalytic psychotherapy with children with EBDs. In: P. Cooper (Ed.), Understanding and Supporting Children with Emotional and Behavioural Difficulties. London: Jessica Kingsley.

Youell, B. (2005). Observation in social work practice. In: M. Bower (Ed.), Psychoanalysis and Social Work Practice. London: Routledge.

監訳者略歴
平井正三（ひらい　しょうぞう）
1992年　京都大学教育学部博士課程満期退学
1997年　英国タビストック・クリニック児童・青年心理療法コース修了
帰国後，佛教大学臨床心理学研究センター嘱託臨床心理士，京都光華女子大学助教授などを経て，現在，御池心理療法センター（http://www.oike-center.jp）にて開業の傍ら，NPO法人子どもの心理療法支援会（http://www.sacp.jp）の代表を務める。
訳　書　アンダーソン編『クラインとビオンの臨床講義』，アルヴァレズ著『こころの再生を求めて』（以上 岩崎学術出版社），ヒンシェルウッド著『クリニカル・クライン』（誠信書房），ビオン著『精神分析の方法Ⅱ』（法政大学出版局），メルツァー著『夢生活』（金剛出版）〔以上共訳〕，ブロンスタイン編『現代クライン派入門』，ウィッテンバーグ著『臨床現場に生かすクライン派精神分析』，『学校現場に生かす精神分析』（以上 岩崎学術出版社），タスティン著『自閉症と小児精神病』（創元社），ボストンとスザー編『被虐待児の精神分析的心理療法』（金剛出版）〔以上監訳〕

訳者略歴
鈴木　誠（すずき　まこと）
1960年　三重県生まれ
1984年　東海大学文学部卒
1988年　名古屋大学医学部精神医学教室　卒後研修修了
専　攻　臨床心理学　精神分析
現　職　くわな心理相談室　主宰，スクールカウンセラー，三重大学教育学部　非常勤講師
著訳書　『惨事ストレスへのケア』（ブレーン出版　分担執筆），ウィッテンバーグ他著『学校現場に生かす精神分析』（岩崎学術出版社　監訳）

学校現場に生かす精神分析［実践編］
—学ぶことの関係性—
ISBN978-4-7533-0907-8

監訳者
平井正三

2009年9月2日　第1刷発行
2024年6月30日　第3刷発行

印刷　広研印刷(株)　／　製本　(株)若林製本工場

発行所　(株) 岩崎学術出版社　〒101-0062　東京都千代田区神田駿河台 3-6-1
発行者　杉田啓三
電話 03(5577)6817　FAX 03(5577)6837